BLOCKCHAIN
ECONOMICS

区块链经济学

激励、监管与分布式赋能

熙代 著

机械工业出版社
CHINA MACHINE PRESS

本书从经济学的角度，阐述了区块链演化的历史脉络，揭示了区块链的本质是一种分布式"加密账术"；进而从加密经济学的角度，解释了区块链经济系统运行的激励机制；并从制度经济学的角度预测：随着区块链技术的普及，区块链将会从"智能货币""智能合约""智能社群"三个层次重塑社会经济形态。

本书从技术融合的角度，分析了区块链将会对金融行业、传统互联网行业、文化创意行业、医药卫生业、能源行业和制造业等行业造成的影响。本书认为，对区块链进行合理的监管是非常必要的，并前瞻性地阐述了如何才能利用好这项技术，趋利避害。

图书在版编目（CIP）数据

区块链经济学：激励、监管与分布式赋能 / 熙代著. —北京：机械工业出版社，2018.12
ISBN 978-7-111-61768-6

Ⅰ. ①区… Ⅱ. ①熙… Ⅲ. ①电子商务—支付方式—研究 Ⅳ. ①F713.361.3

中国版本图书馆 CIP 数据核字（2019）第 006317 号

机械工业出版社（北京市百万庄大街22号 邮政编码100037）
责任编辑：坚喜斌 何 洋 责任校对：梁 倩
责任印制：孙 炜
北京联兴盛业印刷股份有限公司印刷
2019年2月第1版·第1次印刷
145mm×210mm·7.8125 印张·3 插页·138 千字
标准书号：ISBN 978-7-111-61768-6
定价：59.00元

凡购本书，如有缺页、倒页、脱页，由本社发行部调换
电话服务 网络服务
服务咨询热线：010-88361066 机 工 官 网：www.cmpbook.com
读者购书热线：010-68326294 机 工 官 博：weibo.com/cmp1952
　　　　　　　010-88379203 金 书 网：www.golden-book.com
封面无防伪标均为盗版 教育服务网：www.cmpedu.com

前　言

"区块链不过是一些陈旧技术的组合。"（比尔·盖茨）区块链至今仍未有"杀手级应用"出现。以太坊（Ethereun）的创始人维塔利克·布特林（Vitalik Buterin）曾经把以太坊比喻为一台"建立在世界网络之上的超级智能手机"，但他又不得不承认其运行速度比 2G 时代的手机还要慢。同时，由于技术不成熟，经常会有区块链项目被黑客攻破的新闻。

然而，这一切都不能掩盖这项技术的光彩。就像莱特兄弟发明的第一代飞机，尽管简陋笨重，但其未来前景仍然令人心驰神往。

区块链是一种新技术，解决的却是和人类文明一样古老的问题：信任问题。

区块链是一种社会技术、一种记账的技术。从苏美尔文明时期泥板上的楔形文字记账，到文艺复兴时期佛罗伦萨的纸质公共账本，人类的记账技术实现了第一次飞跃。从此，基于复式记账法的股份有限公司开始诞生了，资本主义的生产关系开始在全球蔓延。

然而，当世人逐渐将复式记账法奉为真理的时候，记账者却辜负了世人的信任。肇始于华尔街的金融危机，本质上是一种账本危机。于是，人们开始探索一种不再受人为操纵的公共账本，区块链技术应运而生了。

这种分布式加密记账技术的应用前景极为广阔：资产登记、清单编写、价值交换，涉及金融、经济、货币的各个领域。硬资产，如有形财产、住宅、汽车等；以及无形资产，如选票、创意、信誉、意向、健康数据、信息等。

区块链技术的应用前景如今尚不明了，现在说它是一场革命仍言之过早。但它显然蕴含着巨大的机遇，不论其最终会带来什么样的变革，我们都不应错过这次可以"换道超车"的历史机遇。

历史不会重复，但历史往往有着相似的韵脚。区块链有可能成为下一轮重大的、全球性的计算范式的第五次颠覆式创新。前四次是大型机、个人计算机、互联网、移动智能手机，有潜力像 Web 网站一样彻底重塑人类社会活动形态。

近年来，笔者受一些机构委托，做了一些区块链方面的研究工作。怀着野人献曝的心情，将工作中的心得加以总结，撰写成书，与读者诸君探讨。惴惴之余，更期待方家不吝指教。

目 录

前 言

第 1 章 货币本源
——货币的本质是一种记账技术 // 001

货币，智人独有的社会技术 // 002

货币是一种记账的"方便法门" // 004

货币的起源是一种自发秩序 // 006

货币的虚拟化 // 008

作为记账凭据的货币 // 011

弗里德曼预言的虚拟货币 // 013

铸币是战争的产物 // 015

以武力为后盾的信用货币 // 017

明朝的金融危机 // 019

自发秩序与顶层设计 // 021

失败的"竞争货币"实践 // 024

第 2 章 数字法币
——区块链的第一个"杀手级应用" // 029

私人货币 // 031

数字货币的萌芽 // 032

为什么要推出数字法币 // 034

智能货币——区块链经济 1.0 // 037

网络效应决定了数字法币更强大 // 040

数字法币的推出只是一个时机问题 // 042

第 3 章 价值网络

——从信息互联到价值互联 // 045

军备竞赛产生了互联网 // 046

军事欺骗产生了密码学 // 048

密码朋克 // 050

"互联网精神"的回归 // 053

区块链是一种价值网络 // 055

双重支付与"拜占庭将军问题" // 057

对黄金自发秩序的临摹 // 060

提高做叛徒的成本 // 063

公钥和私钥 // 066

哈希算法 // 069

算力怪兽与尴尬的中心化 // 071

硬分叉，分裂的共识 // 076

PoS 机制与 DPoS 机制 // 079

第 4 章 加密账术

——金融危机的本质是账本危机 // 083

古老的记账技术 // 085

文艺复兴时代的"纸质版本区块链" // 087

现代会计的灵魂 // 089

复式记账法催生股份制公司 // 092

账本炼金术 // 094

弱中心化,一种切实可行的方案 // 097

第 5 章　通证经济

——加密经济学与人类行为 // 103

代币与人类行为 // 105

无币区块链与有币区块链 // 107

Q 币模式是代币监管的底线 // 110

网游是通证经济的急先锋 // 113

加密经济学与以太坊 // 117

Steemit 的"脑力证明机制" // 120

第 6 章　智能合约

——智能化可编程经济形态 // 127

尼克·萨博,神似中本聪的人 // 129

图灵完备的智能合约平台 // 132

智能合约——区块链经济 2.0 // 133

智能财产与分享经济 // 135

彩票——呼之欲出的区块链应用 // 137

第 7 章　智能社群

——群体智慧与分布式自律 // 141

分布式管理的真义 // 143

自律与管理的仿生学 // 145

预测市场与预言机 // 146

智能社群——区块链经济 3.0 // 154

DAO 与大规模强协作 // 161

第 8 章　机器信任

——事实证明与履历追踪 // 169

降低"非市场性交易成本" // 171

数字身份与"区块链共和国" // 174

食品"上链"，安全溯源 // 176

学历认证 // 178

医疗卫生 // 180

公益慈善 // 183

第 9 章　金融科技

——区块链与金融技术创新 // 185

原有金融科技（FinTech）已经落伍 // 187

危机驱使巨头做出改变 // 190

委内瑞拉的"石油币"实验 // 192

保险业，向互助式社群回归 // 194

第 10 章　技术融合
——区块链赋能第四次工业革命 // 197

"万物互联"与"万物账本" // 199

区块链赋能第四次工业革命 // 202

分布式能源与分布式账本 // 204

第 11 章　文创复兴
——重构文创、教育产业的新生态 // 211

知识产权的"加密容器" // 213

IP 存证服务 // 215

版权"指纹"与艺术认证 // 216

智能资产的确权、加密和流通 // 218

产消者崛起，免费模式势微 // 222

区块链为文化教育产业赋能 // 223

第 12 章　理性繁荣
——区别对待，合理监管 // 225

ICO 乱象——代币证券化 // 227

区块链的"浮士德契约" // 231

预测市场与暗杀赌局 // 233

代码即法律吗 // 234

去中心化，听起来很美 // 237

监管科技（RegTech），以链治链 // 238

第1章　货币本源
——货币的本质是一种记账技术

演化，是以一种极度去中心化、平行发生的方式进行的。

——尼克·萨博（Nick Szabo）

记账货币（Money of Account）是表示债务、物价与一般购买力的货币。这种货币是货币理论中的原始概念。

——约翰·凯恩斯（John Keynes）

什么是货币,货币的本质是什么?

这是一个开放式的议题,因为从来就没有一个标准答案。

经济学家对货币的定义通常有三种:交易媒介、价值尺度以及价值储藏手段。

众所周知,区块链是比特币的底层技术。因此,弄清楚比特币与货币的异同,是理解区块链经济学的一把钥匙。

当然,比特币仅仅是区块链的首个应用案例,而且未必是最重要的应用。

货币,智人独有的社会技术

1776年,亚当·斯密(Adam Smith)的《国富论》出版,标志着古典经济学的创立。

斯密在《国富论》的扉页上写下:"献给女王陛下的一本书。"

第1章 货币本源
——货币的本质是一种记账技术

斯密认为,人天生具有交换的倾向。这是人与其他动物相互区分的一个重要标志。

斯密写道,我从来没有见过两条狗会公平审慎地交换骨头,也从未见过一个动物以肢体或语言示意:这是我的,那是你的,我想与你做个交易。

斯密的判断是对的。对于其他动物来说,交换尚且困难,更不用说拿劳动去换钱,或建立复杂的金融体系了。

事实上,地球上曾经存在过很多种人类,我们只是其中的一个亚种,学名叫智人(Homo Sapiens)。

尤瓦尔·赫拉利(Yuval Noah Harari)在《人类简史》一书中指出,我们这个物种有几万年跨群体交易史,是其他人种所未有的;人类很可能在3万年前就发明了货币。

考古学家在欧洲中心地带挖掘有3万年历史的智人遗址,偶尔会发现来自地中海和大西洋沿岸的贝壳。这些贝壳极可能是通过不同智人群体之间的长距离交易,从而抵达大陆内部的。

尼安德特人遗址缺乏这种交易的证据。每个尼安德特人群体,都采用本地材料制造自己的工具。这也是尼安德特人与智人在长期竞争中消亡的一个重要原因。

互惠,是很多灵长目动物都具有的本能——你帮我挠挠背,我就帮你抓抓痒。尼安德特人之间也极有可能存在互惠的行为——今天你送我一把石斧,明天我送你一张鹿皮。这种礼物交换更接近于货币出现之前真实的交换场景。

使用语言、文字、工具都不是智人独有的能力，只有使用货币，才是智人独有的技能。所以，亚当·斯密的说法可以进一步精确为：人之为人，在于货币。将我们智人与其他动物区分开来的，乃是货币。

货币是一种记账的"方便法门"

亚里士多德是最早描述货币起源的哲学家之一。他推测，人类最初是以物易物，为了应对越来越复杂的交易而发明了货币。

亚里士多德在《政治学》一书中写道："可想而知，从简单当中诞生了更加复杂的交换形式……由于各种生活必需品无法随身携带，因此，人们约定在相互交易当中使用某种具有内在用途并且容易满足生活需求的东西，比如铁、银等。最初仅仅以尺寸和重量衡量其价值，但是后来人们在上面盖上印记，以此标定价值，免得每次都要称重。"

亚里士多德的这个猜测，成了后世各种版本货币简史的标准开头。

新古典主义经济学家威廉·杰文斯（William Jevons）在其著作《货币与交换机制》中写道："交换的最早形式是用不想要的东西直接换取想要的东西。我们称这种最简单的交换为物物交换或以物易物。"

第 1 章　货币本源
——货币的本质是一种记账技术

杰文斯认为，物物交换是建立在需求的双重巧合（Double-Coincidence）基础之上的——你拥有的香蕉正是我想要的，我拥有的鱼恰好也是你想要的。

也就是说，"你必须找到这么一个人，既有你想要的东西，同时他也想要你有的东西"，如果没有双重巧合，交换就不会发生。建立这样的匹配，也就是觅客，要么靠运气碰，要么费时间苦苦寻找——也许找到时鱼已经腐败变质了。

仅仅是建立这种匹配，交易成本就已经非常高了。此外，就算实现了"双重巧合"，后面复杂的换算技术，也会让人困惑不已。要知道，公元前 500 年左右的希腊，还认为 10000 是一个超出人类理解范围、"大得无法计算"的数字。

诸如"3 条鱼能换 5 根香蕉，20 根香蕉能换 1 头山羊，7 头山羊能换 1 头麋鹿，那么，多少条鱼能换 1 头麋鹿"之类的问题足以让算术并不高明的古人崩溃。

假设世上真的曾经存在过一个以物易物的经济体，不管你是打鱼的渔夫还是种水果的农民，每天都得搞清楚几十种商品的相对价格。假如市场上有 100 种不同的商品，把汇率列出来就足足有洋洋洒洒的 4950 条。这种计算的难度对于古人来说，还不如发明一种交换筹码——货币来得简单。

偏爱捷径，是人类行为的一个基本特征。

货币的发明，是为了简化物物交换的难题。

也就是说，货币不仅是一种交易的媒介，也是一种记账的"方便法门"、一种快捷的记账技术。假如人类真的存在过以物易物的时代,那么以货币记账绝对堪称"某个懒惰天才划时代的发明"。

货币通过降低巧合问题,大大降低了交易成本,比如搜索、觅客、价值换算等。通过增加交易机会,让涉及更多种类的商品和服务的交易成为可能。通过货币这一被广泛接受并可以重复使用的介质,让信任成本最小化,陌生族群之间也可以合作,增加了社会可扩展性,大大拓展了人类合作的范围。

货币的起源是一种自发秩序

货币的出现,可以说是人类行为自然演化的结果。

奥地利经济学派创始人卡尔·门格尔(Carl Menger)在《论货币的起源》一文中,试图阐明这一观点。

奥地利经济学派的杰出代表哈耶克(Hayek)将其提炼为"自发秩序"(Spontaneous Order)这个概念。

自发秩序是奥地利学派的核心思想之一。它的意思是,我们今天在社会上看到的秩序,不是由哪一个人或者哪一个权威机构主动设计出来的,而是由无数人的行动汇合而成的。哈耶克认为,"道德、宗教和法律、语言和书写、货币和市场"都是自发秩序。自发秩序这一理念深受自由主义经济学家所推崇,布坎南(James M. Buchanan)甚至把它视为经济

第1章 货币本源
——货币的本质是一种记账技术

学的"唯一原则"。

比如,我们日常使用的语言就是一种典型的"自发秩序"。因为它绝非任何单一理性设计的结果,同时又具有自律性和高度复杂的结构,而且还规范着人们的社会活动。今天你买几本最新的权威词典就会发现,一些当年在学校时拼命规范的读音,现在又"从俗"改回去了。例如,"说服"的汉语拼音最新注音是"shuō fú",而不是过去语文老师努力强调的"shuì fú"。

另一个相反的例子是世界语,它是波兰籍犹太人柴门霍夫(Zamenhof)博士于1887年创立的一种具有"科学性、逻辑性"的语言。一直有人在非常认真地推广世界语,但迄今为止它几乎没有任何影响力。

门格尔认为,货币的起源、货币的形态,与语言的发展非常相像。货币也是一种自发秩序。正如一句话、一个词能否流行开来,不仅仅在于说的人,还在于听的人,在于别人是否接受。货币从物物交换演变而来,是一个自然而然的、自发的过程。

门格尔表示:"只有学会将我们所研究的这个社会程序的建立看作是一个自发的结果,看作是社会各成员具体的个人努力偶然产生的结果,我们才能够充分理解货币的起源。"

经济学家约翰·史密森(John Smithin)在论文集《什么

是货币》当中提到，货币由物物交换自然演化而来，用以解决实际问题，而政府从头至尾仅仅发挥批准的作用。

但是，此类观点并未反映事情的全貌。

货币的虚拟化

事实上，货币的演化史是跳跃的、非线性的、多线并行的，货币的发明、设计、流通也并非只有"自发秩序"一条路径。根据史实，最强大的货币体系，是自发秩序和顶层设计两股力量相互博弈的产物。

字里藏币

在古代，神权是归国家垄断的。正如哈耶克所言，国家开始放弃对宗教的垄断的历史，还不到300年。

海贝是最初的货币，但这种货币的"社会可扩展性"比较弱。甲骨文的"朋"字是由两串贝壳构成的。这种贝壳当然是货币，但也只是限于熟人之间的记账技术。

直到金属铸币的出现，货币才实现了它的"社会可扩展性"。

贝壳串珠曾经是北美地区印第安人使用的一种货币。19世纪，由于技术的发展，白人用大批量捕捞的贝壳串珠与当地土著做交易，印第安人轻信了这些白人，从而在北美引发了恶性的通货膨胀，印第安人被洗劫一空。最终，英镑取代

第1章　货币本源
——货币的本质是一种记账技术

了贝壳。在原来以贝壳作为媒介的生态系统中，人们不得不将贝壳转换为英镑，于是，"shelling out"（支付）这一术语诞生了。

大约公元前 3000 年，苏美尔人已经开始使用"麦元"。所谓的麦元，就是以固定量的麦子作为通用货币单位，用来衡量和交换其他各种货物和服务。为什么选择麦子作为货币呢？因为苏美尔人的庙宇是和谷仓建在一起的。

苏美尔文明也是政教合一的。把麦子作为货币单位，很可能是庙宇里的神职人员决定的，而宗教是由国家垄断的。

语言文字的演变，也折射出货币的"顶层设计"特征。

英文中"money"表示"钱"的意思。"money"这个单词起源于罗马神话中掌管财务的女神朱诺·莫尼塔（June Moneta），早期的钱多是在她的庙宇里铸造的。

英文中的"capital"（资本）或者"capita"（量词 caput 的复数）这两个单词，其词源的最初含义就是"牲口总头数"或者"财富"。这种牲口，其实很可能是用来祭祀的牲口，并不是随身携带的现金，而是一种虚拟的钱财。

同样，苏美尔人用"mas"表示牲畜的"幼崽、牛犊、羊羔"，这个词同时也用来表示"利息"。

英文中的"salary"表示"薪水"，而追溯这个词的来源，其实与盐（Salt）有关。盐在历史上也曾经被作为货币，而盐在很多国家是由政府垄断专卖的。

文字也反映了货币具有的虚拟性。

在英文中,"coin"这个单词,除了硬币的意思之外,还有一个含义,就是凭空杜撰;而"fantasy"这个单词的含义除了幻想之外,还有货币的意思。

4000年前的记账货币

记账货币是古已有之的东西。

到了公元前2100年的乌尔第三王朝时期,苏美尔人已经拥有了令人叹为观止的货币系统。

那时,白银已经成为苏美尔人商品价值的公认尺度。根据王朝创始人颁布的《乌尔纳姆法典》规定,乌尔王朝的臣民,戳瞎别人一只眼,代价是60谢克尔;离婚需要支付1迈纳(60谢克尔)的白银罚金;扇别人一个耳光,罚款10谢克尔;强暴女奴需要支付5谢克尔的白银罚金。

谢克尔最初的用途之一,很可能是用来向庙宇支付与女祭司神圣交合的费用。

然而,这里所说的白银并非真实银币,也非碎银,而是"未经加工的银条",极少参与流通,大部分时间被用来作为祭品供奉神灵或保存在金库里。

苏美尔人的这种货币系统,由寺庙和王宫主导、记录,具有计划经济的管制特征,绝非自发秩序的产物。

由于两河流域有的是取之不尽的黏土,苏美尔人就地取材,会将交易共识用楔形文字刻在一块块黏土泥板上。

第 1 章　货币本源
——货币的本质是一种记账技术

苏美尔人既不依赖物物交换，也没有投放广泛流通的铸币，而是通过黏土"账本"建立了一个庞大的债务网络。苏美尔人发明这套货币系统，是依靠国家武力强制作为后盾，其动机在于便于征税。

账本里所说的白银，其实只是一种记账单位，基本不参与实际流通。白银被认为是一种抽象的虚拟计量单位。黏土泥板上的债权有时也可以转让、流通。

这与现代世界的黄金储备何其相似，作为金本位时代的遗产，世界各国的 8000 多吨黄金存储在曼哈顿的一个地下金库里。

美国人类学家大卫·格雷伯（David Graeber）在所著的《债：第一个 5000 年》一书中表示，虚拟货币（Virtual Money）才是货币的原始形式。信贷系统、账款，甚至花费账目，要比现金出现得还要早。

直到大约 2000 年后，在临近两河流域的吕底亚王国，才出现了世界上第一批铸币。

作为记账凭据的货币

货币是一种记账技术。最著名的案例当数美国冒险家威廉·福内斯（William H. Furness）所记述的《石币之岛》的故事。

福内斯 1903 年在太平洋上的雅浦岛上生活了两个月。他观察到一个现象：该岛有 5000 多个居民，共有 3 种商品：鱼、椰子和海参。按说在这样简单的经济体之内，物物交换就可以了，没有货币也过得去。然而，这个遗世独立的小岛上却有着非常先进的货币与清算体系。

雅浦岛上的居民会磨制一种大而厚的石头轮子，中间留一个圆孔，方便插入木杠运输。岛上居民称之为"费"（Fei），作为货币使用。

这些石料出产于距离该岛 400 海里远的另一个岛，开采磨制后用独木舟运回雅浦岛。

"费"这种石币主要作为记账工具使用。如果交易所涉及的金额太大，那就无须搬运这些石币，可采用单纯的所有权认可制度，即石币仍保留在原有的主人那里，但其所有权却转归货物的卖出人。

更夸张的是，有一次在搬运石币的过程中出了事故，导致石币沉入大海，但同去的人都能证明的确有这么回事，于是该石头就依旧充当着货币。这个家族的人因为有一块沉入海底的石币而变得富有。德国殖民者向当地居民征收罚金的方式是在"费"上画一个黑色十字，表明已被政府罚没。石币的所有者竟然尊重这种做法，并被迫履行义务，再请求政府把十字擦去。

福内斯于 1910 年发表《石币之岛》这个故事后，引起了许多经济学家的注意。凯恩斯、弗里德曼、曼昆等著名经

第1章 货币本源
——货币的本质是一种记账技术

济学家都引用过这则案例。

凯恩斯在1930年出版的《货币论》一书中,认为货币的本质职能是一种记账货币,应该与这个案例的启示不无关系。

弗里德曼预言的虚拟货币

货币作为一种"社会技术",是以金钱为表象的信用账户和清算体系。

仅仅把货币看作是一种"东西"或者是商品,或者是贵金属,就会错过这一发明的巨大潜能。

在《货币的祸害》一书的开篇,米尔顿·弗里德曼(Milton Friedman)也提及了"石币之岛"这则案例。

弗里德曼认为,雅浦岛的石币与文明社会的黄金并无区别,既然我们认为黄金是真实而且合理的,那么雅浦岛的石币也应当被当地居民认为是真实且合理的。

1932—1933年,法兰西银行担心美国不再盯住金本位,于是在美国卖出美元,换回黄金后,也要求纽约联邦储备银行(简称纽约联储)把黄金存至其会计账本上。作为回应,纽约联储把黄金从一个大抽屉放入了另一个大抽屉中,并做一个记号,表明抽屉中存放的是法国的财产。

纽约联储在其他国家银行的几个抽屉上标上几个记号,与德国殖民者的黑色十字有异曲同工之效。

而现阶段的信用货币制度，在普遍的纸币不兑换条件下，同雅浦岛沉入大海的石币"费"实在没有什么本质区别。

为此，弗里德曼产生了一个构想：可以用计算机技术来建立比国家信用更可靠的货币体系。弗里德曼构思了一个自动化装置，可以按程序来发行货币，从而避免各国央行无限制地开动他们的印刷机。

要知道，这个构想要比中本聪那篇名为《比特币：一种点对点的电子现金系统》的论文早了很多年，可以说非常了不起。

1999年，弗里德曼在接受媒体访谈时就表示，基于互联网的电子货币将会出现："有一件事被遗漏了，但很快就会被开发出来，这是一种可靠的在线现金。在互联网上进行购买活动时，你可以将资金从A转移到B，而在资金转移的途中，A不需要知道B，或是B不需要知道A。通过这种方法将一张20美元的钞票交付给你，不会产生资金来自哪里的记录。在不知道我是谁的情况下，你或许就能得到这笔钱。这种事情将在互联网上被开发。"同时，弗里德曼也表示了自己的担忧——犯罪分子利用这种货币更容易从事非法活动。

10年后，一个化名"中本聪"的人（或组织）推出了一种名叫"比特币"的加密数字货币，实现了弗里德曼的预言。

第1章 货币本源
——货币的本质是一种记账技术

铸币是战争的产物

西方人普遍认为,是吕底亚人最先发明了铸币。

吕底亚古国位于今天土耳其的西北部,它大约在公元前660年开始铸币。

因为铸币的发明,吕底亚王国的市场交易变得繁荣起来。

但吕底亚人最初发行铸币的动机,并不是为了便于老百姓做交易(民用),而是基于军事需求,便于为士兵发军饷(军用)。早在充当货币之前,金银就被用于打造珠宝饰品,或者当作财富收藏。军事征服之后往往伴随着对战败者财富的洗劫,用掠夺而来的金银制造铸币,发给士兵作为战利品,是一个绝佳选择。因为士兵需要一种便携的财富,而铸币具有便于携带,不易腐败、降解的特点。

亚历山大大帝征服波斯帝国之际,每天用于支付十万大军的军饷高达半吨白银。这些白银当中的大部分来自波斯的银矿,再由战俘打造成亚历山大自己的铸币。亚历山大每征服一地,都要求当地的老百姓用自己的铸币纳税。在刀兵强制之下,铸币得以广泛流通。

铸币的普及,极大地促进了市场的繁荣。这是吕底亚官方始料未及的一个偶然结果。

这其中有一个经济学原理,直到1776年亚当·斯密的《国富论》出版,人们才弄明白。

当时的英国国王曾问亚当·斯密:"你号称经济学能让我们的国家变得更富裕。可是纺织女工织布,农夫耕作,你一不织布、二不耕地,请问你创造的财富从何而来?"

斯密回答道:"陛下,财富来自交易。"

斯密认为,由于人天生就有交换的"良能",一个国家的繁荣,只需要有和平的环境、说得过去的司法以及比较公允的税收就够了。

斯密说:"陛下,请您不要干预国家经济,回家歇着去吧!国家做什么呢?就做一个守夜人就够了,当夜晚来临的时候就去敲钟,入夜了看看有没有偷盗行为,这就是国家的任务。"亚当·斯密认为,只要国家不干预经济,经济自然就会发展起来。

弄清楚这个道理,将英国指向了一条后世几百年国力强盛之路。

假设纺织女工拥有很多布,农夫拥有很多粮,但这并不是国民财富的最大化。因为财富并不是简单的相加,只有纺织女工和农夫相见了,两人做了交易,纺织女工有了粮食吃,农夫也有了衣服穿,这才达到了最佳配置。

而铸币(现金)这种交易媒介的发明,大大降低了觅客成本,促进了市场繁荣。

亚当·斯密认为,自由交易的结果一定是双赢的。如果有一方不满意,这个交易就不会发生。哪怕是在市场一个微

第1章 货币本源
——货币的本质是一种记账技术

观的角落,交易的轻微增加都是积极的。这背后的经济学原理是专业化分工——只有每个人都做自己最擅长的,放弃自己不擅长的,效率才能极大提高,生产力才能被激发。

当时,吕底亚商人买卖的商品既有谷物、油、啤酒,也有陶瓷和化妆品,就连最早的妓院和赌场也是吕底亚人设立的。

经济繁荣的同时,吕底亚的军事也进入全盛时期,征服了希腊在小亚细亚的所有城市。

发明铸币的另一个偶然结果,就是方便了收税。据说,吕底亚末代国王克罗索斯之父的坟墓,大部分建筑经费来源于课税。

以武力为后盾的信用货币

诚然,货币的发明是一种自发秩序。但货币的设计与发行,并不止自发秩序一条路径。很多成功的货币系统是以武力为后盾,强行建立起来的。

众所周知,美元是一种信用货币。

自1971年和黄金脱钩之后,美元成为世界上最强大的信用货币。这基于美国强大的军事力量,否则,美元也只不过是一种印刷精美的纸张。

很多人有一种错觉,那就是1971年布雷顿森林体系瓦解之后,才有了如今的信用货币体系。其实,类似美元这种货币体系，历史上早已有之。

公元1000年左右，我国四川地区的一些商户开始印制发行一种名为"交子"的纸币，人类出现了第一张纸币。到了公元1023年，宋仁宗把这一纸币的发行权收归政府独有。宋朝之后的元朝，又进一步强化了纸币这种信用货币。

1295年，马可·波罗（Marco Polo）途经丝绸之路从中国返回时，在他的游记中描述了众多传奇故事，其中之一便是"大汗的纸币"——忽必烈以严刑峻法强迫国民接受纸钞，放弃金属铸币。

忽必烈发行的这种纸币叫作"中统元宝交钞"，于元中统元年（1260年）发行，一直行用至元末。这种纸币已与现代的钞票别无二致。"中统元宝交钞"为树皮纸印造，正面上下方及背面上方均盖有红色官印防伪。

马可·波罗写道："发行的所有纸钞好像都具有像纯金或纯银一样庄严的权威……所有人都乐意接受。纸钞在大可汗国境内通用，不管是谁都可以用纸钞进行货物的买卖交易，就好像纸钞和纯金的铸币没有什么两样。"

这种钞票发行之初，以白银为本位，以贯、文为单位，任何人持中统元宝交钞都可按银价到官库兑换成白银，中统元宝交钞每两贯可兑换白银一两。

元朝初年的纸币制度非常成功，元朝经济在当时极为繁荣。纸币的广泛使用大幅节省了交易费用，使财货得以充分流通，资源得到有效配置。当时，破损的纸币缴纳3%的费用就可以换成新币，这可视为一种负利率。至元二十二年（1285年）起，全国禁用银钱市货，"中统元宝交钞"成为国内唯一合法的流通货币。这在世界货币史上是一个创举。

明朝的金融危机

中国人使用白银的历史悠久，但中国却算不上盛产白银的大国。

明朝开国之初，白银数量还不足以作为流通货币。所以，明朝初期选择以铜钱作为法定铸币。

然而，明朝在开国之初，铜的开采量也非常低。由于生铜短缺，铸币远远不能满足市场的需求。这个时候，明王朝推出一种名为"宝钞"的纸币。为了保证宝钞的顺利发行，官方禁止黄金、白银作为货币流通。而白银后来成为明朝的合法货币，则是朝廷被动接受的。

当明朝朝廷发现发行纸币是一个弥补财政赤字的捷径后，就变得一发不可收。仅朱元璋时期超发的货币，折算成白银就高达4.6亿两。到宣德末年，宝钞已形同废纸。对信用货币之信用的无限透支，为明朝灭亡埋下了伏笔。

白银最终能够成为主流的货币，是顶层设计与自发秩序币的相互博弈的结果。

一方面，宝钞滥发无度，引起了恶性通货膨胀。民间本能地选择白银作为价值存储的手段，来抵抗通货膨胀。民间贸易抛弃了纸币，用铜币进行小额交易，用白银进行大额交易。

另一方面，自15世纪郑和七下西洋以来，拉开了中国海洋探索时代的序幕，成功地贯通了古代陆海丝绸之路。随着富含银矿的美洲新大陆的发现，欧洲殖民者劫掠了巨量的黄金与白银运回欧洲，但也仅仅在欧洲短暂停留，接着，便向东流往亚洲，特别是中国。

1600—1730年，从欧洲流向远东地区的黄金白银的数量，超过了从美洲输入的贵金属数量。中国就像一块海绵，不断吸纳着全世界的白银。据后世学者估算，当时世界上将近1/3产量的白银都流向了中国。根本原因在于在贸易顺差，中国出产的瓷器、茶叶、丝绸对欧洲具有魔幻般的吸引力。在此背景下，巨量的白银开始流入中国，满足了白银作为流通货币需求。

滥发纸币，使得明王朝原有法币在与白银的竞争中彻底失败。白银在民间的普遍被认可，使得白银成了一种事实上的流通货币。这促使明王朝被迫考虑收编白银作为法币的可能性。

明中后期，官方开始取消禁止白银流通的法令，白银开始合法化。万历年间，张居正在全国推行"一条鞭法""计亩征银"，这标志着明清白银货币化的最终形成。

第 1 章 货币本源
——货币的本质是一种记账技术

这次"币改",表面看是顺水推舟、波澜不兴,但其效果不亚于一场暴力革命后的财富洗牌。一方面,国家根本不知道民间到底有多少银子,金融系统开始紊乱。明末出现了"钱贱银贵"的乱象,粮食的价格以白银计下滑70%,以铜钱计价则上涨10倍。百姓挣的是铜钱,纳税却要用银两,这就造成了一种恶性通缩。那些囤积白银的豪强大员却因此发了横财,贫富急剧分化,流民四起。

另一方面,相较于境外流入的白银,国库的白银少得可怜。尽管当时全世界1/3产量的白银都流向了中国,朝廷支出却捉襟见肘。"币改"后形成了民(豪强)富国弱的局面。等到崇祯时期,国库已经没有军费来供养庞大的军队了。在裁撤的队伍中,有一个驿卒,名叫李自成。

自发秩序与顶层设计

我国古代的"帝王师"管仲曾说过大意如此的话:货币的发行权必须由国家垄断,谁控制了货币的发行权,谁就是事实上的君主。然而,绝对控制权终究是一种理想。

竞争货币理论

哈耶克是奥地利裔英国经济学家,新自由主义代表人物。

所谓新自由主义,是相对于以亚当·斯密为代表的古典自由主义而言的,是古典自由主义发展的一种极端的表现形式。新自由主义是一套以复兴传统自由主义理想、以尽量减少政府对经济社会的干预为主要经济政策目标的思潮。一些学者称之为"完全不干预主义"。乔治·索罗斯（George Soros）把这种相信市场能够解决所有问题的理念称为"市场原教旨主义"。

新自由主义除了以哈耶克为代表的伦敦学派外，还包括以弗里德曼代表的货币学派、以卢卡斯为代表的理性预期学派、以布坎南为代表的公共选择学派等。

哈耶克的经济学观点是其他新自由主义者的主要思想来源。哈耶克长期活跃于反凯恩斯主义、反国家干预的新自由主义思潮的风口浪尖。哈耶克的代表作有《通往奴役之路》《个人主义与经济秩序》等。但哈耶克的观点如此惊世骇俗，以至于没有哪个政府敢采用他的观点。尽管哈耶克盛名在外，却依然穷困。

1974年，哈耶克获诺贝尔经济学奖。这次获奖，让哈耶克的思想成为显学。如果说经济学是现代帝王术，那么哈耶克就是现代帝王师。哈耶克不但被里根总统奉为"国师"，更被撒切尔夫人公然奉为她在"整个20世纪80年代最重要的哲学导师"。

从此，困扰哈耶克多年的抑郁症一扫而光，很多奇思妙想纷纷涌现。

1976年，哈耶克的更为激进的一本书《货币的非国家化

第1章 货币本源
——货币的本质是一种记账技术

——对多元货币的理论与实践的分析》问世。

在古典自由主义者的"圣经"《国富论》一书中,有一段话曾被广泛引用:我们期望的晚餐并非来自屠夫、酿酒师或是面包师的恩惠,而是来自他们对自身利益的特别关注。

哈耶克将此归纳为:自利比慈善更易产生好的结果。

哈耶克进一步推论,既然在一般商品、服务市场上自由竞争最有效率,那为什么不能在货币领域引入自由竞争?

哈耶克在书中说,300年前,没有人敢相信政府会放弃对宗教的垄断。同样的,将国家对货币的垄断当成不可置疑的信条,这只是一种迷信。

哈耶克认为,通货膨胀是万恶之源。不仅恶性膨胀会带来危害和痛苦,即使是温和的通货膨胀,最终也会造成周期性的萧条与失业。

哈耶克提出一个建议:废除中央银行制度,允许私人发行货币,并自由竞争。这个竞争过程中将会发现最好的货币。

哈耶克认为,要彻底解决通货膨胀,根本的解决之道是让货币的发行"去国家化":不同的货币在市场上进行自由竞争,出于人性的自利考量,最终币值最稳定的货币将会胜出。

那么,就不会再有一般的通货膨胀和通货紧缩,也消除了经济危机的根源,收支贸易平衡也不再成为问题。

哈耶克在书中还讨论了银行自由发行货币的一些技术性

问题。由于缺乏技术条件，实际运行的情况将很难如他所言，会形成"自发秩序"。

哈耶克的货币理论一经提出，就首先受到了来自新自由主义阵营内部的质疑。其中就包括来自他的学生——"现代货币主义经济学大师"米尔顿·弗里德曼的批判。

哈耶克既是主张经济自由的伦敦学派的主要代表，又是芝加哥学派的核心成员，同时也是奥地利学派的骨干。现在"币圈"人士言必称哈耶克，这其实是表错了情。关于货币问题，作为"现代货币主义经济学大师"的弗里德曼更有发言权。

米尔顿·弗里德曼在1976年恰好也荣获了诺贝尔经济学奖，风头正劲。他批评哈耶克说："不管是经验还是历史都证明，民间货币不可能取代政府货币。"

对此，哈耶克回应说，只要有自由选择权，民众就会选择更优质的货币，比如第二次世界大战后不停贬值的英镑被其他货币取代，欧洲大陆的民众比起本国货币更爱美元。显然，哈耶克的这个反击凌乱乏力，因为他所举例子全是官方法币，没有一种是民间货币。显然，哈耶克不了解我国的货币史，如果能举出明朝白银上位的例子，这个回应将会更加有力。

失败的"竞争货币"实践

假如哈耶克穿越到我国的西汉王朝，成为那个时代的国师，一定有机会实践自己的竞争货币理论。

第1章 货币本源
——货币的本质是一种记账技术

为解决流通货币不足的问题,汉文帝和他的"经济学顾问"就实施过货币的"去国家化"计划。

汉文帝五年(前152年),"除盗铸钱令,使民放铸",也就是宣布任何人都可以参与铸造货币。此举确实解决了流通中货币不足的问题,但也导致了意想不到的竞争。这一政策给金融市场带来了不小的冲击。由于各郡县使用的铸钱轻重不同,流通起来需要相互换算,非常烦琐,平白增加了交易成本。

这一政策也使得私人铸币者大发横财。如《史记》所述:"故吴,诸侯也,以即山铸钱,富埒天子。"

"货币的非国家化"是否正确姑且不说,其过程必然会经历一定程度的混乱。而那些参与竞争的"发币者",为追求利益最大化,往往在铸钱时混入铅、铁等贱金属。西汉贾谊就记载了当时"奸钱日繁,正钱日亡"的事实。

直到公元前113年,在大臣建议下,汉文帝的孙子汉武帝才正式收回了铸币权。当时,汉武帝不得不通过铁腕手段,将一些豪强的钱财收归国有,这才有了西汉的长期稳定。

美国历史上也曾经历过一个"自由银行时代"。自从1836年杰克逊总统否决了延续美国第二中央银行的提案之后,联邦政府就从银行监管中退出,开设银行只需要在州政府备案即可。于是,各州之间争相降低开设银行的门槛,各种私人小银行如雨后春笋般涌现。而且,美国当时没有统一的货币，各个银行都可以发行自己的钞票，因而出现了各种私人发行的"竞争货币"并存的局面。由于这种银行随时可能会倒闭，其发行的钞票的信誉度也受到广泛怀疑，金融体系一片混乱，因而这段历史也被戏称为"野猫银行"时代。美国的中央银行——美联储正是这种乱局的一个产物。

金银的去货币化

贝壳作为货币的历史非常悠久。

大约4000年前，整个非洲、南亚、东亚和大洋洲都是用贝壳来交易。一直到20世纪初，英属乌干达还可以用贝壳来缴税。

甲骨文中的"朋"字，形为两串贝壳，仿佛两位达成共识的人在用贝壳做交易。汉字中有不少与财产有关的字，都是以"贝"为偏旁构成，如账、债等。

古希腊的第一批铸币，就是用黄金模仿贝壳形状铸成的。可以说，黄金是贝壳的"2.0版本"。

几乎与吕底亚王国同时，我国发展出另一种略有不同的铸币，用的是铜币和没有印记的金银元宝。这两种铸币制度的共通性在于都是以黄金和白银为基础。

早期，很多资本主义国家在都使用金银复本位制，黄金和白银的兑换比例是固定的，但这是一种非常不稳定的货币制度。因为黄金和白银的价值并不总是恒定的，所以就会造成"劣币驱逐良币"的结果。随着西班牙人洗劫了南美洲

第1章 货币本源
——货币的本质是一种记账技术

2500吨黄金,然后坐吃山空,后来被英国人通过贸易洗劫了一大部分,而英国用这些黄金确立了金本位制度。其他各国一看英国这么强大,纷纷效仿。特别是德国,德国在普法战争后卖出白银、买入黄金;而法国采取的政策是限制银币的每日流通量,进一步打压银价,造成银价大跌,世界各国跟风抛售白银。1870年前后,除我国外,金本位开始在世界许多国家确立。

第二次世界大战结束以后,美国成为世界上黄金储备最多的国家,于是一个新的体系——布雷顿森林体系建立了。在新的体系中,美元与黄金挂钩,其他国家的货币则盯住美元。只有各国的中央银行才可以将自己持有的美元兑换为黄金,私人持有的美元不能够兑换黄金。这个机制几乎使美国成为世界银行。

这样,美元以黄金作后盾,开始顺利地在全球流通。但随着美元由"美元荒"转变为"美元过剩",外国商人在同美国做生意时,渐渐愿意接受黄金而不愿意接受美元。这时,法国政府带头向美国要求以美元兑换黄金,然后越来越多的国家跟进,最终迫使美国总统尼克松宣布停止以官价兑换黄金,导致布雷顿森林体系崩溃。

1976年,牙买加会议召开,正式取消黄金官价,世界各国开始实施黄金的非货币化。至此,黄金如同一个被废黜的储君,而美元这种信用货币终于在形式上一统天下。

尽管如此，黄金始终是各国法币系统一个事实上的竞争者。金银天生就具备充当货币的属性，具有体积小、价值大、便于携带、久藏不坏、质地均匀、容易分割等优点；同时，其储量有限，开采有难度。这就是为什么卡尔·马克思曾说"货币天然是金银"。可以说，美元这种"硬通货"的竞争货币一直都存在。

历史事实告诉我们，除非来一次恶性通货膨胀，否则没有哪个国家的中央银行会放弃铸币权。现在的数字货币技术尚不成熟，就算技术有了跨越式飞跃，产生了一种理论上势不可挡的加密货币，全球主要央行依然有办法应对，最后像废黜黄金一样废黜这种加密货币。

第 2 章　数字法币
——区块链的第一个"杀手级应用"

传统商业银行是要在21世纪灭绝的恐龙。

——比尔·盖茨（Bill Gates）

央行数字货币（CBDC）将是执行货币政策以应对经济周期的更有效工具。

——希拉·贝尔［Sheila Bair，

联邦存款保险公司

（FDIC）前主席］

北宋的交子，最初只是民间发行的"私交"，也就是商户之间小范围流通的一种私人货币。

这种"点纸成金"的魔法，激发了大批骗子的贪欲，纷纷发行"空气币""传销币"，很多人因此被骗而倾家荡产。于是官方出面整顿，对交子的发行必进行监管，至此，"交子"的发行必须先取得政府认可。

宋仁宗天圣元年，北宋政府正式发行法定纸币——"官交子"。"官交子"发行初期，其形制、防伪技术都是仿照民间"私交"。

虚拟货币绝非横空出世的创新，历史上存在过金属货币占统治地位的时期，也存在过抽象的虚拟计量单位的时期。

这两类不同记账技术，在历史上交替往返。根据史实，是信用货币率先出现的，而今天我们所采用的信用货币系统，

第 2 章　数字法币
——区块链的第一个"杀手级应用"

与其说是一种创新,毋宁说是一种复古。

私人货币

《马可·波罗游记》中关于元朝纸币的翔实记录,激发了欧洲人的想象力。欧洲的一些钱庄也试水发行纸钞,并进一步发明了"汇票"。

在彼时欧洲的商品交易会上,人们不便携带大量现金。汇票在贸易中能够减少人们对铸币的需求。商品交易会的集中运作,吸引并产生了越来越多的金融交易。

这个时候,货币的概念已经彻底虚拟化。在有些情况下,100 万里弗尔的易手,实际上并没有支付 1 个便士。

欧洲传统的公共货币,是政府发行的印刻有君主图案的金属铸币。现在,以信用工具的形式体现的私人货币,开始一同参与到商品流通循环中,充当交易的支付形式。

这种货币的发明,促成了美第奇家族、罗斯柴尔德家族等财阀的崛起。

在好莱坞电影中,一些美国人不是直接支付纸币,而是通过签发支票作为交易的主要方式的时候,那其实是一种私人货币。私人货币通常采用某一记账单位来表示,如美元或者欧元,以便于确定交易的规模、双方结算时使用的地方货币的数量。

记账单位是一种抽象的概念。当支票转移时，人们看不到真实的美元，或者说，用秤称一下它的重量。私人货币所有者所关心的是，政府是否限制公共货币的供给，从而完全保持记账单位的稳定，避开通货膨胀带来的冲击。

但正如哈耶克所说的，政府几乎"无法克制滥发货币的冲动"，正是这种冲动，才导致了2008年金融危机以及"占领华尔街"运动。

数字货币的萌芽

早在1996年，美联储主席格林斯潘（Greenspan）就在演说中提到，随着技术的发展，可能会出现一种新的私人货币。"我们可以预言，在不久的将来，会出现某种电子支付形式，如预存价值卡或数字现金，并建立起专门的支付机构，这些机构财力雄厚、公信力很高。"

次贷危机爆发之后，越来越多的人开始呼吁复活金本位。

在此背景下，有一个化名中本聪的人（或组织），以经济学思维，整合了一些既有的技术，推出了比特币方案。比特币所运用的这些技术和经济学思维，就被称为区块链（BlockChain）。中本聪旨在开发一种加密型数字货币，一开始就约定了发行总数，并且开采难度越来越高。这显然试图对黄金进行复刻。

第 2 章　数字法币
——区块链的第一个"杀手级应用"

但比特币并不是格林斯潘所期望的电子货币，在很多国家也不被承认为货币。

格林斯潘认为，比特币当下的价格到底是否是昙花一现，要看会有多少比特币出现，来满足人们的需求。格林斯潘说："人们总是会购买各种其实毫无价值的东西。人们总是喜欢去赌场，尽管明知赢的可能性很小，但是他们也控制不住自己。"但格林斯潘也承认，尽管事实上比特币归根结底是一文不值的，但现在"确实在创造真实的商品和服务"。

"币圈"人士总爱抬出哈耶克来提振信心，然而，这实在是表错了情。哈耶克即使活到今天，也不会承认比特币就是他理想中的竞争货币。因为比特币的稀缺性，导致其交易价格节节攀升；而被投机客所青睐的高波动性，又恰恰阻碍它成为一种真正的货币。

哈耶克理想中的货币，是"稳定压倒一切"的。这是因为，当货币贬值，对债权人是一种损害；当货币增值，对债务人又是一种损害。哈耶克所鼓吹的竞争货币的核心价值在于"保持币值的稳定"。在比特币结束价格的波动之前，它不可能是哈耶克理想中的货币，除非法币的波动性比它还要剧烈。

迄今为止，比特币的价格一直在波动（见图 2-1），按照哈耶克的标准，其作为货币的价值远不如黄金。

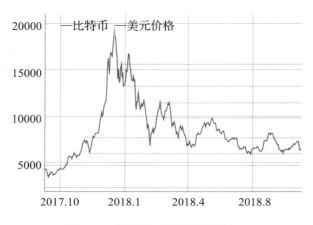

图 2-1 比特币一年内的价格波动

2013年诺贝尔经济学奖获得者罗伯特·希勒（Robert J. Shiller）教授认为，比特币是一个非常聪明的想法，也是一个有趣的实验，但它只是一时风尚。希勒指出，比特币现在的使用率并不高，是一种支付属性很差的货币，更像是作为一种虚拟资产而存在。希勒教授指出，我们不应过分强调比特币，而应该将注意力扩大到区块链技术，以及其他应用程序。

为什么要推出数字法币

随着技术的发展，法币已经从纸质的记账货币进化到电子化的记账货币。

比如，我们日常使用的工资卡、信用卡就是一种电子货

第 2 章　数字法币
——区块链的第一个"杀手级应用"

币。电子货币是法币的电子形式，它实现了货币彻底的去实体化。

我们领薪水并不需要现金，而只是在工资卡的账户上做数字的加法；我们去超市采购粮油、去银行买天然气等，则只需要刷卡做减法。这一过程都是由商业银行这家中介机构在记账。

然而，纸币和银行卡的时代终将逝去，法定数字货币将成为新的主流。

比特币之类加密货币并不是法定货币，但是，它们的技术对金融体系的渗透力极强，为法定数字货币的应用奠定了技术基础。

没有哪个国家会真正放弃对加密货币的监管，只是分弱监管和强监管罢了。可以想象，如果货币不是由中央银行发行，而是作为一个去中心化网络的一部分在全球范围内存在，那是无论哪国政府都不愿看到的景象。

所以，区块链技术的最大客户，其实是各国的中央银行。为了维护既有货币体系的稳定性，货币当局会采用最先进的技术和设计理念来研究发行中央银行数字货币，以抵御来自私人加密货币的竞争。

美国联邦存款保险公司（FDIC）前主席希拉·贝尔女士是一位比特币的同情者，但同时，她也呼吁美联储务必将中央银行发行的数字货币（CBDC）提上日程。她认为，如果不能在这项技术上领先，不仅普通商业银行业会受到干扰，美联储自身也可能面临风险。

重赏之下，必有勇夫。很多大型科技公司、科研机构已经枕戈待旦，开始进行这方面的研发。

然而，目前的区块链技术仍旧像一堆旧零件拼凑而成的勉强运行的机器，尚有巨大的改进空间。

美联储的美元法定数字货币、中国人民银行的人民币法定数字货币、欧洲中央银行的欧元法定数字货币，将成为数字法币竞赛的主角。

我国政府目前已经有了一个区块链联盟——中国账本（China Ledger）。我国央行很可能会与中国账本等机构合作，进行法定数字货币的研究和开发。

关于我国央行是否会考虑将区块链技术用于央行数字货币的问题，前中国人民银行行长周小川说："数字货币的技术路线可分为基于账户的（Account-based）和基于钱包的（Wallet-based）两种，也可分层并用而设法共存。区块链技术是一项可选的技术，其特点是分布式簿记，不基于账户，而且无法篡改。如果数字货币重点强调保护个人隐私，可选用区块链技术。中国人民银行部署了重要力量研究探讨区块链应用技术，但是到目前为止，区块链占用的资源还是太多，不管是计算资源还是存储资源，都不能满足现在的交易规模。未来能不能解决这个问题，还要看。"

第 2 章 数字法币
——区块链的第一个"杀手级应用"

也就是说,我国央行推出的数字法币,会把区块链技术作为一个备选方案。但目前的区块链技术并不成熟,实在不行,很可能会采取一个折中方案,而不是纯粹的区块链技术。

全球各大经济体正在探索使用法定数字货币的可能性,在法律允许的范围内,寻求保护公民隐私权、财产权和维护社会公平正义之间的平衡点。

可以预见的是,法定数字货币最初只是对流通中现金的部分替代,具有无限法偿性,具有货币的价值尺度、流通手段、支付手段和价值储藏等特点。

2017 年,中国人民银行提交了近 70 项基于区块链的专利。随着央行旗下的数字货币研究所正式挂牌,这意味着我国做好了实行法定数字货币的准备。

2018 年 4 月,在博鳌亚洲论坛上,中国人民银行行长易纲表示,正在研究如何发挥数字货币的正能量,让它更好地服务于实体经济。

智能货币——区块链经济1.0

一般加密货币,如比特币,都算不上是智能货币,甚至在结束价格波动之前,它们连货币的基本任务都难以承担。

当然,在一些发生恶性通货膨胀的国家,在灰色交易地带,加密货币会长期占有一席之地。为避免不必要的争议,比特币之类数字货币的未来命运,不在本书讨论范围。但有一点可以肯定，数字法币将会后来者居上。

历史上，北宋的"官交子"很快超越了"私交"，"私交"慢慢衰落，只有最初的防伪技术与形制还保留下来。

数字法币是法偿性货币，所以它有着广泛的应用场景。

目前，比特币之类的加密货币应用还是太复杂，一万个人里面未必有一个人懂得怎样开一个数字货币账户。还有一个根本问题，就是它的商品属性。以比特币为例，它的设计采用的是"通缩模型"，规定了到2140年最多能够挖出2100万个比特币。这会导致它价格上升的预期，拥有它的人更倾向于把它"囤"起来。市场情绪又推动了它的价格震荡。就算是那些采用"通胀模型"，也就是发行量上不封顶的加密货币，价格一样剧烈震荡。

以法币定价的加密货币想要"废法币而自立"，就像一个人想要拎自己头发脱离地表一样。

加密货币如果不解决价格剧烈波动的问题，只会使得它们的货币属性越来越弱。

经济学的一个基本问题，是如何管理货币供应。汇丰银行的一份研究报告认为，各国央行可以利用区块链的可编程技术，追踪央行发行的法定数字货币的流动，精准地执行货币政策。

麻省理工学院的数字货币计划组织里，有一个国际项目正在进行当中，它的目标是开发出各国央行或政府可能会采

第 2 章 数字法币
——区块链的第一个"杀手级应用"

用的法定数字货币的原型。他们已经开发出一种名为 K320 的实验性数字货币。K320 的发行量并没有严格地固定下来。它的设计目标是通过降低稀缺性这个因素来减少人们囤积这种加密货币的行为。

社会需要人们将货币花费出去,而不是存储起来;而人们总是倾向于储蓄避险。为了避免这个结果,K320 的发行机制是有着持续的温和通胀率的。这意味着这种货币的发行速度在前 8 年间会达到高峰,然后就会以每年 3.2% 的通胀率持续发行。这个数字是根据高于大多数央行对其国家的消费者物价指数目标而定的(高出 2 个百分点)。K320 数字货币团队正试图在通货紧缩与通货膨胀之间找到平衡点。

数字法币,从价值支撑的角度来说,是一个信用问题。从实现的方式来说,则是一个技术加密问题。中国央行数字货币研究所所长姚前如此点评数字法币:"在价值上是信用货币,技术上看应该是加密货币,实现上看是算法货币,应用场景上则是智能货币。"

数字法币堪称一种智能货币,智能合约技术成熟后,不仅金融交易完全自动化,可节省大量的中后台行政人员,而且能使可编程经济时代真正实现。

此外,数字法币还具有可追踪、回溯的特点。对遵纪守法的大多数人而言,这种优势是其他虚拟货币不可比拟的。

比特币之类的加密货币具有"匿名性",就算你的加密货币被黑客洗劫一空，也无法追回。事实上，一些人所鼓吹的比特币匿名性还不如现钞。而数字法币是一种智能化货币，具有可追踪性，比如被犯罪分子骗走的钱，可以通过技术手段收回来。对于打击贪腐、洗钱等犯罪活动，数字法币也具有独到的优势。

网络效应决定了数字法币更强大

货币的唯一价值，就在于别人认为它有用。

货币类似社交网络，有越多的人使用，它就越有价值。这就是数字经济的"梅特卡夫定律"——网络价值与用户数的平方成正比。网络使用者越多，价值就越大。

换句话说，某种网络，如电话的价值随着用户数量的增加而提高。例如，在电信系统中，当人们都不使用电话时，安装电话是没有价值的；而电话越普及，安装电话的价值就越高。在互联网、传媒、航空运输、金融等行业普遍存在这种效应。这种效应又叫网络效应，也称网络外部性，是指产品价值随购买这种产品及其兼容产品的消费者的数量增加而增加。

工信部赛迪研究院曾经发表过一个加密货币技术排行榜，比特币连前十都没有入围。但比特币的规模仍然占据了加密货币市场的绝大部分，这就是网络效应的威力。

就网络效应而言，数字法币由于具有法偿性，将来会具

第 2 章 数字法币
——区块链的第一个"杀手级应用"

有无可比拟的优势。

市场本身就是一个"用钱投票"的系统,这种投票会带来"强者恒强"的网络效应。

经济学中有一个"公地悲剧"的说法。公地作为一项资源或财产有许多拥有者,他们中的每一个都有使用权,但没有权利阻止其他人使用,而每一个人都倾向于过度使用,从而造成资源的枯竭。而网络效应则是一种典型的"公地喜剧"。

网络效应产生了"公地喜剧",意思是网络的用户数量越多,该网络就越值钱。数学家认为,网络价值的总和会随着网络用户数以平方的速度增长。随着用户数达到一定的临界点,其网络价值将呈现爆炸式增长。

在具有网络效应的产业中,"先下手为强"(First-Mover Advantage)和"赢家通吃"(Winner-Takes-All)是市场竞争的重要特征。

联邦快递公司的快递网络就是一个典型:经过若干年的惨淡经营,利润缓慢增长,在 20 世纪 80 年代早期爬升到一个看不见的临界值之后,便开始了一飞冲天的疯狂增长。

腾讯 QQ 也是一个经历了漫长煎熬后一夜爆发的神话。在熬过了艰难积累用户的几年之后,QQ 的用户数量悄悄越过了无回报点,接下来便是众所周知的成功传奇。

数字法币的推出只是一个时机问题

银行是一个非常古老的行业,但中央银行是一个相对现代的概念,美联储从诞生到现在也不过 100 来年。

就算没有比特币之类的加密货币,仅电子支付就已经威胁到央行的主导地位。

仔细观察一下,你会发现街头的 ATM 机正在减少。无现金支付的时代正在来临,纸钞逐渐退出交易已是大势所趋。甚至银行卡的作用也在弱化,人们甚至可以不经过银行卡就进行交易,只在微信支付、支付宝之类的民间第三方支付平台之间就可以转移价值。长此以往,中央银行将与货币的使用者逐渐脱离直接联系,用户使用的不再是中央银行直接发行的货币,而中央银行的货币政策将更难被传导至市场。

因此,发行数字货币并不是仅仅畅想而已,而是一种形势所迫。

货币政策需要数字法币

如果说以上原因只是被动防守的话,中央银行发行数字法币还有主动出击的动机。

推出数字法币,显然更利于国家进行宏观调控。英国是最先提出数字法币构想的国家。英国中央银行的一份报告指出,中央银行可以把货币政策直接通过数字法币的形式影响公司和个人,从而起到立竿见影的效果。英国央行研究数字

第 2 章　数字法币
——区块链的第一个"杀手级应用"

货币 RSCoin 正是出于这种动机。

货币政策是全世界中央银行行长们管理经济的工具箱中的一个重要工具,特别是在发生经济危机的时候。

比如,很多国家的中央银行实施所谓的负利率,以达到增加货币供应、刺激经济增长的目的。然而,负利率只能传导到金融机构而无法传导至个人。

假如中央银行向个人宣传将实施负利率,那么个人的第一反应就是赶紧把钞票从银行提出来,那就会发生挤兑风潮。如果数字法币成为主币,现钞和硬币只作为辅币或干脆退出市场交易,中央银行就可以更好地实施包括负利率在内的货币政策。

中央银行与商业银行之间是一种存贷关系。也就是说,中央银行创造基础货币,商业银行在很大程度上决定货币乘数,完成最终的货币投放。

而金融乱象和低效的监管体系已经导致央行传统的货币传导机制失灵,货币创造机制已经变为"中央银行—商业银行—银行表外—影子银行"的复杂模式。

数字货币能够更好地监测货币流向,为有效调控经济行为提供真实的数据资料。数字法币的出现,必将进一步促进经济的繁荣,其意义可以参照历史上"官交子"的出现。

小范围的数字法币实验

米尔顿·弗里德曼曾说,货币是一件太严重的事情,故而不能仅仅交给中央银行的银行家们。

数字法币一定会出现，也不会全部由中央银行主导，并且一开始只限于小范围内实验。

目前，IBM 正在研发一种数字货币，与美元 1:1 等值。由 FDIC 担保。FDIC 是隶属美联储的一家机构，它保证银行如果破产，储户在银行里的存款不至于丢失。

假如 IBM 发行的数字代币出问题，比如被盗，FDIC 可以担保所有损失。从某种程度上讲，这是一种由美国的中央银行和大企业联合进行的数字法币实验。

日本的商业银行也主导开展了发行数字货币的尝试，与日元 1:1 等值，以期降低支付结算的成本，避免消费数据的外流。

数字法币的大面积推广，一定是危机驱动的。除非再出现一次金融危机，否则没有哪个领导者敢做这个决定。

"换币如换天"，更换一个国家的货币体系，其影响可能比更换其政权还要深远。根据弗里德曼的研究，自从明朝中后期承认白银的合法地位以来，一直到民国时期，白银一直稳定地作为我国的主要货币存在，这使得我国几百年来一直没有发生恶性通货膨胀，也使得我国避开了 1929 年那次经济危机。1934 年，罗斯福总统为了取悦美国的白银利益集团，颁布了《白银收购法案》。这一举措令全球白银价格大涨，从而引发了某些国家的通货紧缩。

一场金融危机，或者一种技术上取得跨越式进步的加密货币崛起，都可能成为数字法币普及的契机。

第3章 价值网络
——从信息互联到价值互联

区块链可以创造出一个比现有互联网规模还要大10倍，甚至100倍的新蓝海。

——CCTV财经《对话》

区块链让人们在互不信任，并没有中立中央机构的情况下，能够做到互相协作。简单地说，它是一台创造信任的机器。

——《经济学人》

还记得"信息高速公路"这个说法吗？这是20多年前人们对第一代互联网的比喻。

区块链之前的互联网，只是能够高效传递"信息"的互联网；而区块链则是能够高效传输"价值"的互联网。

在互联网上，传递信息尚且存在被人拦截、篡改的风险，传递价值，则好比3岁娃娃手持金砖走在街头，如何保证安全？这是首先要解决的问题。

区块链技术和互联网技术一样，原本是美国军方的一种技术，后来逐渐传入民间，发展成了一种民用技术。

军备竞赛产生了互联网

战争是人类最高等级的博弈，因为它是以生命为代价的。

互联网技术天生具有军事的DNA，初代互联网就是美苏军事争霸的产物。

第 3 章 价值网络
——从信息互联到价值互联

1957 年,苏联发射世界第一颗人造卫星,拉开了人类探索外太空的序幕。

此时正值美苏冷战时期,这一科技飞跃震惊了美国。美国军方高层担心苏联将因此称霸全球,也将威胁到美国的国防安全。

时任美国总统的德怀特·戴维·艾森豪威尔(Dwight David Eisenhower)迅速做出回应:创建高级研究计划署(Advanced Research Projects Agency,ARPA),以确保美国人不再陷入类似的技术恐慌。ARPA 以研究军用"黑科技"闻名于世,美剧《神盾局特工》中的神盾局,其原型就来自 ARPA。到了 20 世纪 70 年代,ARPA 的名称之前又被正式冠以"国防"(Defense)一词,变成了 DARPA,也就是美国国防部高级研究计划署。

在冷战思维的主导下,美国军方担心,如果仅有一个集中的指挥中心,而这个指挥中心被苏联摧毁,那么美军的指挥系统将陷入瘫痪状态。因此,很有必要设计一个由多个节点组成的分散指挥系统。这样,即使其中某个节点被摧毁,其他节点仍然可以进行指挥。

1969 年,ARPA 的专家们将 4 台不同地点的主机进行了网络式连接,这就是互联网的雏形,被称为阿帕网(ARPA net)。1983 年,阿帕网分成两部分:一部分军用,称为 MILNET;另一部分仍称 ARPA net,供民用。

从表面看,互联网是这个世界最自由、最活跃的部分。然而,背后的真相却并没有那么简单。

过去,美国军方研发一种技术,通常要耗时十余载,等这种技术淘汰后,再转售给民用。比如民用的 GPS 导航技术,原本就是被淘汰的军用技术。这可谓战争带来的一种正面成果。

现在,情况已经发生变化,很多在商业上取得显赫成绩的公司,同时也是军方的雇员。比如,民用的移动互联网安卓(Android)系统、苹果公司的 iOS,都被美国军方在战场上使用。军方需要使用什么设备、功能,只要拿现成的技术进行二次开发即可。这样开发的设备不仅兼容性好,而且更容易迭代升级。

军事欺骗产生了密码学

有人将区块链称为"第二代互联网",区块链这种由无政府主义者实验成功的技术,依然带有军事的 DNA。

"密码学"(Cryptology)在西欧语文中源于希腊语"kryptós"(隐藏的)和"gráphein"(书写),是研究如何隐秘地传递信息的学科。

自古埃及以来,密码学绝大部分历史的精髓在于,它是保持信息秘密的编码语言艺术。密码学大多为政府和军队所用,以保护国家机密并欺骗敌人。著名的密码学学者

第 3 章　价值网络
——从信息互联到价值互联

罗纳德·李维斯特（Ronald L. Rivest）解释道："密码学是关于如何在敌人存在的环境中通信的学科。"

特别是近代，密码学更被广泛地运用于战争。其中以两次世界大战最为有名，在此期间，密码学也成了军事对抗的重要技术。两次世界大战对密码学的推动作用是明显的，可以说密码学生于战争。

战后密码学方面的研究也被美国政府禁止用于民间。直到 20 世纪 70 年代，加密技术仍然仅限于军事和情报领域使用。

然而，1976 年惠特菲尔德·迪菲（Whitfield Diffie）和马丁·赫尔曼（Martin Hellman）出版了《新密码技术指南》一书，这是第一部关于密码技术的公共出版物。自此，这种技术才开始慢慢流入民间。

1993 年，布鲁斯·施奈尔（Bruce Schneier）出版了一本名为《应用密码学》的专著。这本书列举了对当时所有军用、民用的密码学，并做了一个总结，使得美国之外的很多国家第一次接触到真正的军用级别的密码学技术，极大地促进了密码学的传播。

越来越多的人开始公开讨论加密技术，并检验它的政治和社会的后果。这些事情影响重大——一方面，密码技术可以用来保护个人的隐私、政府与企业的秘密；另一方面，它同样可以被罪犯用来隐藏他们的犯罪行为。

正是这种技术背景下,有一种阴谋论也很流行——比特币是美国情报部门搞出来的项目,旨在为美国、英国、加拿大在不同国家的情报活动提供快速资金。区块链如同互联网、GPS、TOR 等技术一样,其实是美国的私有技术。甚至有人分析,在日语中,"中本"有"中央"的意思,"聪"字则有"情报"的意思。

著名的杀毒软件公司卡巴斯基实验室的联合创始人娜塔莉卡·卡巴斯基(Nataly Kaspersky)在俄罗斯某大学做的一场演讲中就抛出了这一观点。

密码朋克

1992 年,英特尔的高级科学家蒂姆·梅(Tim May)在互联网上发布了一个名为"密码朋克"的邮件列表,它其实是一套加密的电子邮件系统。

1993 年,密码学学者埃里克·休斯(Eric Hughes)将密码朋克这一概念继续发扬光大,出版了一本名为《一个密码朋克的宣言》的书,正式将"密码朋克"这一概念加以诠释。它宣扬计算机化空间下的个体精神,使用强加密(密文)保护个人隐私。

密码朋克这一概念,其实是借鉴了当时流行的赛博朋克(Cyberpunk)这个概念,赛博朋克兴起于 20 世纪 80 年,是一个科幻写作流派的专用名词。它所描绘的是这样一种未来

第 3 章 价值网络
——从信息互联到价值互联

景象：财团和政治组织不再以国家划分，而是在信息网络的控制下成为全球一体；在未来，人与机器走向融合，通过人工智能和生物工程，人的躯体和思想将产生巨大的改变。

正如"赛博朋克"这个词强调了技术和叛逆（无政府主义），密码朋克的信徒相信，通过加密技术，可以保障个人自由和隐私，让其免受来自资本和政治的迫害。朱利安·保罗·阿桑奇（Julian Powl Assange）是一名澳大利亚人，他是著名的"维基解密"的创始人，也是密码朋克邮件列表中的一名活跃分子。他声称自己的使命是反对政府、企业、监视机构等压迫性组织从弱势的个人身上榨取数据。

密码朋克一开始就意识到，一个加密网络会吸引罪犯和恐怖分子加入其中，但他们认为这是为保护个人隐私而不得不承受的风险。

"密码朋克"邮件列表用户约 1400 人，讨论的话题包括数学、加密技术、计算机技术、政治和哲学，也包括私人问题，有时候用户之间甚至还会互相发一些垃圾邮件，整垮对方的邮箱。

中本聪也属于密码朋克这一松散联盟，至少从其著作中可以了解到。除了阿桑奇之外，BT 下载的作者布拉姆·科恩（Bram Cohen）、万维网之父蒂姆·伯纳斯·李（Tim Berners-Lee）爵士、智能合约之父尼克·萨博教授、Facebook 的创始人之一肖恩·帕克（Sean Parker）等知名人士，都属于密码朋克的成员。

据统计，比特币诞生之前，密码朋克的成员讨论、发明过失败的加密货币和支付系统多达几十种。其中对比特币影响最大的有以下几种：

1997 年，英国人亚当·贝克（Adam Back）发明了哈希现金（Hashcash），其中用到了工作量证明（Proof of Work，PoW）机制。这个机制的原型是用于解决互联网垃圾邮件问题的。工作量证明机制后来成为比特币的核心要素之一。

同年，哈伯和斯托尼塔（Haber and Stornetta）提出了一个用时间戳的方法保证数字文件安全的协议，这个协议成为比特币区块链协议的原型。

1998 年，戴伟（W Dai）发明了 B-money，强调点对点的交易和不可更改的交易记录。在 B-money 中，每台计算机各自单独书写交易记录，这很容易造成系统账本的不一致。戴伟为此设计了复杂而精妙的奖惩机制以防止作弊。中本聪发明比特币的时候，借鉴了很多戴伟的理念。

2004 年，哈尔·芬尼（Hal Finney）推出了自己版本的电子货币，在其中采用了可重复使用的工作量证明（RPoW）机制。

发明加密货币的这些先驱，基本都集中在密码朋克这个圈子里。可惜，这些加密货币都失败了。以至于中本聪拿着自己的加密货币设想找这些密码学家讨论的时候，几乎所有

第3章 价值网络
——从信息互联到价值互联

人都没把它当回事儿,甚至嗤之以鼻,以为这又是一个注定失败的项目。

以太坊创始人维塔利克·布特林认为,这些加密货币的设计思路其实应该单列为一个学科,名叫"加密经济学"。

加密货币的单位也多采用密码朋克这个圈子里的人名。

一个比特币相当于一亿个"Satoshi","Satoshi"是一聪,也就是比特币的最小单位,而 Satoshi 就是中本聪的"聪"。另一种加密货币以太币的最小单位 10^{-18} 相当于一"Wei",而这个"Wei"是为了致敬一个中国人——戴伟,他也是密码朋克的成员。

"互联网精神"的回归

一开始,人们对互联网的期望是浪漫的,希望它能带来一个公平的环境。1994 年,在互联网诞生之初,凯文·凯利(Kevin Kelly)在其《失控》一书中指出,互联网没有中心,它只是一个"分散的、存在冗余的体系"。

如今,尽管互联网已经成为一种"公器",但其现状令人担忧。

假如你今天在某电商平台购买了一箱无糖可乐,明天在使用另一个社交网站的时候,就很可能看到平台向你推送的其他无糖产品的广告。这种对用户隐私的侵犯令人不寒而栗。我们已经进入一个被互联网巨无霸的"算法"统治的时代。

中国科学院外籍院士张首晟先生曾为互联网行业归纳出一个规律：天下大势，分久必合，合久必分。区块链象征着权力由中心向边缘的移动，意味着互联网的再次去中心化成为可能。

过去，美国的电话网络的资源几乎都被 AT&T 公司一家所垄断，基本上垄断了美国战后 30 多年的网络市场。

随着 TCP/IP 协议的发明，互联网诞生了，分组交换（Packet Switching）技术取代了电路交换（Circuit Switching）技术。

电路交换需要预约线路资源，而分组交换不需要预约，每个连接点都是竞争关系，对线路资源先到先得。这样，电话两头的人不需要电话公司建立连接，就可以直接建立联系。

于是，AT&T 公司开始失去了垄断地位，这样就迎来了一个合久必分的网络时代。我们进入了互联网时代。

当合久必分的局面持续了一段时间后，就形成了所谓的"互联网精神"——开放、平等、协作、快速、分享。它是互联网生命力之所在，也是新经济发展的命脉，是其发展的关键。

然而，好景不长。虽然最底层的网络通信非常去中心化，但由于"网络效应"的存在，互联网的"权力"逐渐被少数平台和科技公司把控。

第一代互联网既没有体现透明性，也没有减少违规行为，

第3章 价值网络
——从信息互联到价值互联

它并没有加强对个人、机构以及经济活动的安全保护。身份盗窃资源中心（Identity Theft Resource Center，ITRC）表示，中本聪发布白皮书的那一年，美国国家金融服务公司、通用电气金融等金融企业资料外泄事件中出现的身份盗窃报道，占同年同类报道的50%以上。

区块链又迎来了一个网络去中心化的时代，互联网又到了一个合久必分的时代。

人和人之间又可以通过区块链回到一种点对点的方式交流。同时，它也是一个价值互联网，人们可以在区块链上交换价值。

在点对点的区块链平台上，可以采取开源的投票模式，大家可以用透明的算法定义这个社群里面的游戏规则。这就更能促成一次新的互联网革命，一个合久必分的时代又将到来。

区块链是一种价值网络

初代互联网难以传送价值，所以免费模式大行其道。

其实，免费的才是最贵的。

当你打开浏览器，在某搜索引擎搜索框里嵌入一个与医学或药物相关的词汇，前十几页甚至前几十页，几乎全是与这个关键词相关的"软文"或广告，而你真正想要的信息却一点都没有。

如果你使用的是手机浏览器，恐怕连跳过前十页都要一下一下点击。

互联网，早已不是当初我们期望的那个互联网了。

初代互联网只是交换信息，但区块链却有希望能够交换价值。

再以搜索引擎为例，传统的盈利模式是卖广告。但如果能有一种分布式账本存在，读者可以为优秀的内容奖励积分（代币），同时，优质内容贡献者可以与搜索引擎分成这些奖励，那么就会出现优质内容竞相呈现的局面。

当然，价值交换是很难实现的。从博弈论的角度讲，假如每个节点都不依靠中心，那么谁都会像作弊，通过蒙骗别人来占便宜。区块链经济学就是要以制度性的加密手段来克服这些弊端。

区块链技术允许在网络上同时实现高度开放和保护隐私的特性。以太坊创始人布特林认为，这两者并不矛盾，不过"有点像黑格尔学说"，两者之间的辩证结果是"主动的透明性"。

在阿里巴巴集团创始人马云看来，虽然，区块链概念风靡一时，但人们并未对其进行深入理解。马云表示："区块链是一种安全和隐私解决方案。"

在马云看来，区块链对于阿里巴巴最大的经济价值在于它的安全性和私密性。

第 3 章　价值网络
——从信息互联到价值互联

通过密码学、网络理论、计算机科学和经济激励的巧妙结合,我们可以构建新的经济学范式。区块链经济可以完成上述这些学科自身无法实现的事情。

双重支付与"拜占庭将军问题"

考古发现,最早的账本记录可以追溯到 5000 年前的苏美尔文明,当时的农民想用农作物换取牲畜。这些交易记录被记在了黏土泥板上,这些泥板就成了最早的公共账本。苏美尔人还会通过在泥板上刻下楔形文字,来详细记录口粮、税收、工人等的数量,然后将其烧制保存。

古代苏美尔人之所以要把交易记录在黏土泥板上,甚至烧成陶片保存,就是为了防止"双重支付"。账本上记录着谁有大麦,谁有山羊,这样就能防止一物多卖。

所谓双重支付,又叫"双花",就是同一笔钱花了两次或两次以上。

双重支付是基于一种加密货币流通失败场景的设想,即同一枚加密货币可以被花费两次以上。

数字货币不像硬币或纸币,复制其电子档案非常简单。所以,数字货币需要解决的第一个问题,就是双重支付问题。

解决这个问题的本质,就是解决"拜占庭将军问题"。

"拜占庭将军问题"(The Byzantine General's Problem),是由计算机科学家莱斯利·兰伯特(Leslie Lamport)等人于

1982年首先提出的，有关网络通信中一致性的问题。

中世纪的拜占庭位于现在的土耳其，那时，拜占庭是东罗马帝国的首都。

东罗马帝国国土辽阔，为了防御，每支军队都间隔很远，将军与将军之间只能靠信使传递消息。

假设，有10支拜占庭帝国的军队，准备拿下一座敌人的城池。每支军队都由一位将军率领，将军之间只能通过信使传递消息。这座城池内的敌人非常强悍，足以抵御5支常规拜占庭军队的同时突袭。

这10支拜占庭军队在分开的包围状态下同时攻击，他们中任一支军队单独进攻都毫无胜算，除非有至少6支军队（一半以上）同时袭击，才能攻下敌人的城池。

他们分散在敌人城池的四周，依靠信使骑快马相互通信来协商进攻意向及进攻时间。困扰这些将军的问题是，他们不确定他们中是否有叛徒，叛徒可能擅自变更进攻意向或者进攻时间。在这种状态下，拜占庭将军如何才能保证有多于6支军队在同一时间一起发起进攻，从而赢得战斗？

在打仗的时候，拜占庭军队内的大部分将军必须达成一致和共识，才能更好地获取胜利。但是，在军队内有可能存有叛徒，扰乱这种共识。

这时候，在已知有成员不可靠的情况下，其余忠诚的将军需要不受叛徒的影响而达成一致的协议。

第3章 价值网络
——从信息互联到价值互联

在没有叛徒情况下,假如一个将军 A 提一个进攻提议,比如明日黎明进攻,你愿意加入吗?由通信兵通信分别告诉其他将军,如果顺利,他收到了其他 6 位以上将军的同意,则发起进攻。如果不顺利,其他将军也在此时发出不同的进攻提议,比如明日中午或傍晚进攻,你愿意加入吗?由于时间差异,不同的将军收到(并认可)进攻提议的可能性是不一样的,这时可能出现 A 的提议有 3 个支持者,B 的提议有 4 个支持者,C 的提议有 2 个支持者等情况。

更复杂的情况是,因为有叛徒,而且叛徒会向不同的将军发出不同的进攻提议,如通知 A 明日黎明进攻,通知 B 明日傍晚进攻等;一个叛徒也可能同意多个进攻提议,即既同意黎明进攻,又同意傍晚进攻。

这个故事表达了在一个"去中心化"网络中所存在的一致性难题。而这个问题就被称为拜占庭将军问题。

中本聪设计的比特币系统是一个公开的账本,记录的就是持有比特币的人之间相互的转账记录。分布式账本旨在让每个节点都能够验证交易,而拜占庭将军问题与账本的一致性问题是同构的。

这套账本需要实时更新,但是这套账本如何让全球各地那么多相互不认识的人达成共识?为什么这么多人都认可这一套账本?这本质上也是一个拜占庭将军问题。

对黄金自发秩序的临摹

凯恩斯曾把金本位称为"蛮荒时代的遗存"。

大约在 1998 年,著名证券投机商沃伦·巴菲特(Warren Buffett)在哈佛大学的一次演讲中曾说:"黄金这种东西,从穷山沟里被挖掘出来以后,拿去熔化处理,然后还要挖个洞把它们埋起来,派一群人去守卫。黄金这玩意儿没有什么实用性,外星人看了恐怕都会觉得我们莫名其妙。"

他们说得对吗?假如回到蛮荒时代,那时的人们是如何对待黄金的呢?

如果能够回到"创世之初",黄金也只是一种廉价的东西,因为认可它的人并不多。

阿兹特克文明是印第安古老文明的一部分,一直到 16 世纪,它还是一个位于南美洲的遗世独立的人类社会。

当一行西班牙白人闯入这里后,阿兹特克人觉得这帮人好像天外来客。

阿兹特克人觉得这帮天外来客很奇怪,他们看到黄金后如痴如醉,眼睛都直了。阿兹特克人觉得黄金只不过是一种色泽不错但质地较软的金属,虽然不能够制作武器,却可以用来制作首饰和雕像。阿兹特克人做交易的时候,一般是用可可豆或布料来付账的。所以,他们非常不理解西班牙人为何对黄金如此痴迷。面对当地人的疑惑,殖民者头子科尔特

第 3 章 价值网络
——从信息互联到价值互联

斯表示:"我们这帮人有种心病,只有金子能医。"

黄金其实有一定的实用性,比如计算机 CPU 的针脚,上面就镀有黄金。但它为什么会这么贵呢?

中本聪以及所有对经济学感兴趣的人,都一定思考过这样一个问题:黄金是如何演变为货币的,又为什么让人们狂热追逐?

中本聪同时也在思考另一个问题:在一个分布式网络中,由谁来主导记账?这其实就是拜占庭将军问题。

从 20 世纪 80 年代开始提出,拜占庭将军问题已经被计算机科学家讨论了 30 余年,一直没有完美的解决方案。

那么,一种数字货币能不能临摹黄金的演化?

中本聪由此给出了一个简单粗暴的解决方案,那就是工作量证明(Proof of Work,PoW)机制。

工作量证明机制用大白话讲,就是"谁出力最多谁说了算"。

PoW 是一种共识机制(游戏规则),你要先认同这个规则,才能参与这个游戏。

中本聪所选择的 PoW 方案,有效地解决了这个困扰了计算机科学家多年的问题。

之所以说这个方案简单粗暴,是因为它还会造成很多环境污染与算力浪费!

比特币的营销者经常用"数字黄金"来形容它。比特币究竟是不是"数字黄金",还是一个有待时间检验的问题。但它从一开始就在努力模仿黄金。

PoW 这个方案模仿了黄金这种天然货币的产生。

中本聪把产生比特币的过程比喻为"挖矿",而参与算力竞赛的节点则被称为"矿工"。

中本聪所采用的解决方案是,在点对点的网络中,每个点都可以参与记账,记账人也被称为"矿工",本身也是比特币用户。记账人通过算力竞赛(比赛谁的计算机更强大)争夺记账权。那些赢得记账权的节点,会获得比特币奖励。

回到 2009 年,一台普通的计算机,10 分钟就能挖到 50 个比特币。所以,那时的比特币是非常廉价的。

这种游戏规则有点类似网络游戏中的"挂机打怪",玩家只需要买计算能力最强的计算机挂在网上,就可以睡觉去了,醒来后去数一数系统奖励了多少"金币"。

这与人类最初对待黄金的态度是一样的。假如你穿越到 2010 年,能以非常低廉的价格换取比特币,估计你也会一笑置之。

2009 年的时候,人们对比特币的态度大概也是如此。你如果送我 1 万个比特币,我会说声"谢谢"笑纳了,随后就把"私钥"给忘了。

据说,2010 年 5 月 22 日,美国佛罗里达的一位程序员用 1 万个比特币和别人换了 2 张比萨优惠券,又换购了 2 个比萨。这被假定是用比特币进行的首笔交易。

提高做叛徒的成本

在一个互不认识、没有中心、缺乏互信的环境里,你凭什么与我歃血为盟?你让我相信你,总要先抵押点什么东西吧?

从博弈论的角度讲,比特币从设计之初就鼓励参与者竞相付出沉没成本(即做叛徒的成本)。从理论上讲,那些对系统投入法币成本最多的人,理应是最爱惜这个系统的人。

比特币的基础协议就是不停地盖时间戳。在整个比特币系统中,就是由一个分布式的时间戳(Timestamp)服务器,为比特币的转移打上时间戳——这正是利用了信息易于传播且难以消灭的本性。

时间戳从区块生成的那一刻起就存在于区块之中,是用于标识交易时间的字符序列,具备唯一性。时间戳用以记录并表明存在的、完整的、可验证的数据,是每一次交易记录的认证。

比特币每隔10分钟产生一个区块(Block),即每隔10分钟计算机打包全网交易进入一个区块。

如果大家都一致,达成共识,那么就承认这个区块上的信息是真的,原则上不可篡改(修改按协议需要控制全球挖矿记账51%以上的算力),然后这些合法的区块连成一个个链条（Chain），这就是区块链（Blockchain）。

全体"矿工"一起记账，一起公证，而不是相信某一个人，并每10分钟确认一次，从而形成记录了全网这10分钟所有正确（没有重复支付）数据的一个区块，也就是账本数据库。

"矿工"其实就是在数据包游戏中争夺区块链记账权的人。谁能更快地解开SHA256这个数学命题的值，谁就更有机会赢得该区块的打包记账权。这其实是一个算力和电力的比拼游戏。

PoW共识机制中，为什么要让矿工比赛计算那些乏味的数学题呢？

比特币系统耗费了那么多的电力，是不是一个愚蠢的行为？

挖掘PoW区块所需的强大算力意味着对硬件的巨大投入和大量的能源消耗。第一个在区块上验证正确的PoW的矿工将获得区块奖励以及该区块的交易手续费。无论结果如何，这笔投资都是沉没成本；行为不当的矿工会消耗法币成本（如硬件成本、电力成本等）并且没有任何奖励，而诚实的矿工有机会获得区块奖励从而赚到钱。

PoW耗电费力，是其遭到很多人诟病之处。然而，就保卫系统的安全性而言，这与其说是一个缺点，毋宁说是一个特点。因为它太容易出区块了，就意味着容易被篡改。而比

第3章 价值网络
——从信息互联到价值互联

特币的区块链是非常难以篡改的账本。

"挖矿"其实不是大家一起协同去淘金,而是表忠心、表决心。挖矿的本质是一起提供算力竞赛(选举),每10分钟进行一次,胜出者可以非常低的能耗进行记账,进而获得比特币奖励。

"劝酒"被称为一种陋习,因为它带有江湖习气。有时人们为了打入某个圈子,就要做好喝酒的准备,要以付出健康为代价,来证明自己的服从性与忠诚度。原始部落严峻的"成人礼"以及著名的"兄弟会"残酷的入会仪式,都基于同样的道理。

也就是说,挖矿之所以那么耗电,是中本聪故意这么设计的,通过鼓励竞赛来争夺记账权,来增加作弊者的"法币成本"。

保证账本不被篡改的关键,是让篡改账本这种行为的代价越来越高,弊大于利。

其实,PoW本质是谁付出最大算力,谁才有资格记账。

这种机制看似很神秘,其实无论人类社会还是自然界的动物,在很多情况下都是按照这个规律合作的。

PoW机制其实是一种逆向博弈论,它是一种基于人类行为学的解决方案。

技术与经济,隔行如隔山,但隔行不隔理。

比如古代的科举制,当然不是最高效人才选拔的方案,但却是最安全,最稳妥的方法。这与工作量证明有着相通之妙。

公钥和私钥

在一个区块链系统中,嵌入的安全措施不仅要保证机密性,而且要保证所有活动的真实性以及不可抵赖性。任何想要参与其中的人,都必须使用加密技术,没有选择的余地。

大体上,可以将加密技术体系划分为对称加密体系和非对称加密体系两大类。

对称加密技术是我们经常使用的,如电子信箱,有对应的用户名和密码。而比特币采用的是非对称加密技术。

非对称加密技术中存在两个密钥:一个是公开密钥(Public Key,简称公钥);另一个是私有密钥(Private Key,简称私钥)。

公开的密钥叫公钥,只有自己知道的密钥叫私钥。

比如比特币系统,中本聪要求参与方使用公钥基础设施(PKI)来搭建安全平台。所谓公钥基础设施,就是一个用公钥概念和技术实施和提供安全服务的具有普适性的安全基础设施。这是非对称加密算法的一种高级形式——用户拥有两个功能不同的密钥:一个用来加密,另一个用来解密,因此它们是非对称的。

在比特币系统中,公钥是放钱用的,相当于地址;私钥

第 3 章 价值网络
——从信息互联到价值互联

是收钱和支付用的,相当于密码。

任何人都可以通过公钥向密码箱放入比特币,但是只有拥有私钥才能够取走比特币。

私钥只有你自己拥有,这就是典型的"非对称加密"。

公钥与私钥是成对的,在加密时,用公钥加密的数据只有对应的私钥才可以解密;如果用私钥对数据加密,那么只有用公钥才能解密(见图3-1)。

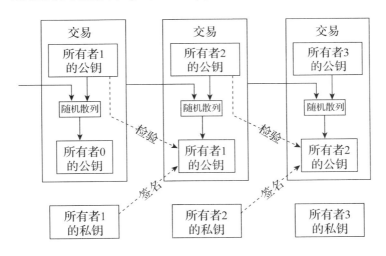

图 3-1 公钥和私钥

公钥和私钥是非对称加密的产物,除了交易还可以传递信息。

密码学家喜欢用爱丽丝(Alice)和鲍勃(Bob)指代某甲和某乙,这里我们就用爱丽丝和鲍勃举一个例子。

当爱丽丝向鲍勃发送资料时,爱丽丝会使用鲍勃的公钥加密，这样才能确保只有鲍勃能解开，否则人人都能解开加密的信息，就失去了资料的保密性。

验证机制工作时需要使用签名和验证。爱丽丝传资料给大家时，会以自己的私钥做签名，如此所有收到信息的人都可以用爱丽丝的公钥进行验证，便可确认信息是由爱丽丝发出来的。

以加密电子邮件为例，使用公钥和私钥的目的就是实现电子邮件的安全，必须达到如下目的：

（1）爱丽丝发送给鲍勃的内容必须加密，在邮件的传输过程中不能被别人看到。

（2）必须保证是爱丽丝发送的邮件，而不是别人冒充爱丽丝发送的。

要达到这样的目的，发送和接收邮件的两人必须都拥有公钥和私钥。

公钥就是给大家用的，爱丽丝可以通过电子邮件发布，可以通过网站让别人下载，公钥其实是用来加密/验证的；私钥就是自己的，必须非常小心地保存，最好加上密码，私钥是用来解密/签名的，首先就所有权来说，私钥只有个人拥有。

公钥与私钥的作用是：用公钥加密的内容只能用私钥解密，用私钥加密的内容只能用公钥解密。

比如，爱丽丝要给鲍勃发送一个加密邮件，那么爱丽丝

第 3 章 价值网络
——从信息互联到价值互联

必须拥有鲍勃的公钥，鲍勃也必须拥有爱丽丝的公钥。

首先，爱丽丝用鲍勃的公钥给这个邮件加密，这样就能保证这个邮件不被别人看到，而且保证这个邮件在传送过程中没有被修改。鲍勃收到邮件后，用自己的私钥就可以解密，从而看到内容。

其次，爱丽丝用自己的私钥给这个邮件加密，发送到鲍勃手里后，鲍勃可以用爱丽丝的公钥解密。因为私钥只有爱丽丝拥有，这样就保证了这个邮件是爱丽丝发送的。

一个企业机构也可以使用类似方法验证身份真伪。与个人一样，企业需要使用一个地址进行签名，声明自己是该私钥的唯一拥有者。很多时候，企业的身份都是由多人共同确认的。遇到这种情况时，企业可以预先将私钥分成多份，让几个人共同保管。比如将私钥分成三份，只有两人以及两人以上共同签名，才能确认企业的身份。在这种情况下，企业遇到任何伪造机构身份的行为，都可轻易验证。

区块链让人类第一次不需要依靠任何第三方中心机构就可以完成身份验证，也是人类第一次在互联网上创造了一个不能复制、不可伪造的数据库。

哈希算法

哈希是"Hash"的音译，Hash 一般译作"散列"。

也有人使用"哈希散列"，但其实哈希就是散列，散列就是哈希。

区块链系统中除了使用非对称加密算法之外，另一个重要的密码技术是哈希算法。区块链系统一般采用哈希算法来快速验证用户的身份。相比非对称加密，哈希算法一般快几个数量级以上，从而使得验证的过程非常快速。

哈希算法又称为摘要算法或者散列技术，其本质是对原数据的有损压缩。

防止数据被篡改

所谓哈希，就是将任意长度的输入（又叫作预映射，Pre-image）通过哈希算法，变换成固定长度的输出，该输出就是哈希值。

也就是说，哈希算法就是把任意长度的"目标文本"变成固定长度的"杂凑字串"的方法。哈希算法的目的是快速发现原始数据是否被人篡改过。

哈希算法之所以能指出数据是否被篡改过，就是因为它是一个单向函数。加密哈希函数的一个重要特征是任何输入端的细微变化都会对哈希函数的输出结果产生剧烈影响。哪怕对原始数据做 1 bit 的修改，都会导致计算出的摘要完全不同。

碰撞的可能性

以比特币为例，其挖矿的核心是逆向计算 SHA256，说白了就是在做逆运算。

第3章 价值网络
——从信息互联到价值互联

那么，有没有这样一种可能：两个不同的数据通过某个哈希算法得到了相同的摘要？

从理论上讲，完全有可能，这种情况称为碰撞。碰撞具有理论上的可能性，但因概率过小而被认为在现实中是不可能存在的。

在一个好的哈希算法中，应该存在大量不同的数据串，要将碰撞的可能性降低到无限接近于零。

哈希函数一般安全寿命都不长，被认为安全的算法往往没能使用多久就被成功攻击，新的更安全的算法相继被设计出来，而每一个被公认为安全可靠的算法都有极其严格的审计过程。

比特币采用 SHA256 算法，在中本聪发明比特币的 2008 年，被公认为最安全、最先进的算法之一。

然而，SHA256 却是由美国国家安全局（NSA）发明的。NSA 前雇员斯诺登爆料称，NSA 早在 2013 年开始就对虚拟货币用户进行"追踪"，超越了一般的公共交易分类账（称为区块链）的审查，其中比特币优先级最高。根据密码朋克的精神，这个 SHA256 是注定要被替换掉的，中本聪自己也讲过算法升级的必要性和过程。

算力怪兽与尴尬的中心化

中本聪算无遗策，号称比特币是一个去中心化的"现金系统"。然而,这个以"分布式"为基础的区块链系统,正不断地面对算力日益"中心化"的尴尬局面,不知道中本聪当初有没有预料到这一层。

以中本聪缔造的比特币系统为例,其共识机制是建立在这样一个假设之上:绝大多数的矿工出于自己利益最大化的考虑,都会通过诚实地挖矿来维持整个比特币系统。出于自利,他们不会发动自杀式攻击。但是,并不是所有的攻击都是受利益驱使的。

算力垄断

比特币挖矿是一个高度竞争的行业,已经和普通人没有关系了。这已经成为一个"阶层固化"的游戏——最底层是普通小买家,再往上是普通矿工,再往上是大型矿池所有者。

比特币挖矿开始于 CPU 或者 GPU 这种低成本的硬件,不过随着比特币的流行,挖矿的过程出现了激烈的竞争,以至于出现了专业的"矿机"。

哈希算力自比特币诞生以来,每年都呈指数级增长。一些年份的增长反映了彻底的技术更新,如 2010 和 2011 年,很多矿工从 CPU 挖矿转到了 GPU 挖矿,以及现场可编程门阵列(FPGA)挖矿。

在 2013 年,随着 ASIC 挖矿的引入,把 SHA256 函数直接集成到挖矿的专用芯片上,促成了哈希算力的另一次巨大飞跃。第一台采用这种芯片的矿机所产生的算力,比 2010 年

第 3 章 价值网络
——从信息互联到价值互联

整个比特币网络的算力还要大。

有一家专门出售矿机的中国公司——比特大陆,其首席执行官(CEO)吴忌寒在 2018 年接受采访时候表示,公司上一年的营收为 25 亿美元。自 2017 年下半年起,比特大陆已经成为我国第二大芯片设计公司,仅次于华为海思。

比特大陆同时还是矿池运营商,运营着其他矿工可加入的蚂蚁矿池(Antpool)、BTC.com 矿池。

尽管比特大陆很低调,却一直备受争议,面临着"挖矿中心化"的指责。有人认为,比特币是去中心化的,但比特大陆对矿机和矿池的垄断会给比特币区块链的安全性带来巨大风险。一些矿工称比特大陆为"矿霸",维权事件此起彼伏。

共识攻击

PoW 共识机制并非固若金汤,至少在理论上是有可能被攻击的。由于 PoW 是一种"谁出力最大谁管账"的游戏,这就为算力攻击埋下了伏笔。

当拥有超强算力的恶意矿工出现之后,他们就可以通过攻击区块链系统的共识机制来达到强制交易的目的,导致人们在系统中的加密货币被洗劫一空。

PoW 共识机制依赖大多数矿工出于个人利益而愿意诚实行事的假设前提。但是,如果矿工(或矿池)想要利用自身拥有的算力进行欺骗或攻击的话,当他(或他们)能获得全网较大比例的挖矿能力时，他们就可以通过攻击共识机制从而瓦解通证系统的安全性和可用性。

共识机制遭受攻击的典型场景就是"51%攻击"。这是指由一群控制了51%以上全网哈希算力的矿工合谋发起的强制交易。

他们拥有开采大部分区块的能力，可以故意在区块链中制造"分叉"，进行双重支付交易，或者针对特定交易或地址发起拒绝服务攻击。这时候，人们幻想的固若金汤的系统就会不堪一击。

共识机制遭受攻击从本质上讲是对下一区块的争夺，"强壮"的一方就更容易成功。

尽管名为"51%攻击"，但这种攻击并不需要真正掌握51%以上的算力。研究证明，有时候只需拥有30%的哈希算力就能成功实现共识机制的攻击，51%的算力则意味着攻击一定能成功。ZenCash、比特币黄金（Bitcoin Gold，BTG）、Verge（简称XVG）、莱特现金等加密货币都遭受过51%攻击。

从理论上讲，比特币的分布式账本也可以被修改。只要拥有足够的算力，攻击者就可以将连续6个甚至更多区块变为无效，从而使那些经过6次确认、已被认定为是无法篡改的交易变为无效状态。

Verge是一种采用PoW机制的加密货币，在2018年4月

第 3 章　价值网络
——从信息互联到价值互联

4 日—4 月 6 日的几小时内，被盗取了价值 180 万美元的 Verge；然后是 BTG，被黑客发动了 51% 攻击，盗走了价值 1800 万美元的 BTG……这一系列的黑客攻击表明，有人蓄意瞄准 PoW 机制的币种，控制他们的算力，然后发起 51% 攻击。

还有一种自相矛盾的情形，就是出现了一种理论上坚不可摧的加密货币，但它还是会面临一种威胁，那就是它太坚不可摧了，以致威胁到全球金融安全，于是全世界的中央银行联合起来，不计成本地把它捣毁。

10 年后的算力怪兽

如果说"矿机"这种算力怪兽会威胁到加密货币，量子计算机则更像一把悬在头顶的达摩克利斯之剑。

有预测认为，10 年内，量子计算将会给区块链（包括比特币）带来毁灭性的打击。量子计算机出现后，真正的怪兽出场，浪漫的加密货币可能要被完全瓦解。

耶鲁大学的罗伯特·舍尔科普夫（Robert Schoelkopf）教授说："当量子计算机拥有 50 或者 100 个量子比特，而且这些量子比特能工作得很好，可以做完全纠错时，你就可以用这个量子计算机做世界上任何经典计算机永远都不可能做的计算工作了。"

来自新加坡的一份研究指出，至少在未来 10 年内，使用 ASIC 矿机挖矿的速度会比量子计算机快，不过 10 年后，量子计算机的挖矿速度会飞速增长；其次，面对量子计算机，区块链采用的非对称密码算法，即公钥密码系统会受到更大的威胁。

量子计算机需要达到一定的量子比特才能摧毁现有的比特币系统。一个 4000 量子比特的量子计算机就可以瓦解区块链，这将危及所有现有加密方法的安全性。不仅是比特币，现有的整个金融和银行业的安全也会遭到摧毁。所以，密码学家也在研究新的加密技术，而不是"坐以待毙"。美国国家安全局已经宣布着手研究量子密码系统，即可以抵御量子计算的加密系统。

假如有一天，比特币真的被量子计算机技术摧毁了，那么它还有机会复活吗？

硬分叉，分裂的共识

PoW 机制并非无懈可击，所以中本聪为这个系统留下了一条生路，那就"分叉"（Fork）。

"分叉"原本是一个与软件相关的概念，也就是"复制并修改"，即对一个程序升级（如新版本的微软 IOS 系统）。

这里存在两种类型的分叉，即软分叉和硬分叉。在软分叉中，旧版本的软件缺乏新的特性，但还是可以与新的版本兼容；而在硬分叉中，新的软件无法做到"向后兼容"，这意味着它无法与旧版本互操作。

第3章 价值网络
——从信息互联到价值互联

早在2009年比特币这个区块链系统出现的时候,就有大量的加密货币模仿者复制并修改它的代码,生成了狗狗币、点点币等上千种币,复制后修改部分微乎其微,所以被称为"山寨币"。从软件技术的角度来看,这1000多种竞争币都是比特币的分叉币,只是没有打比特币的旗号而已。

在一个区块链项目当中,利益相关方产生分歧时,经常会导致区块链的分裂,尤其是在他们同时具备代码开发能力和挖矿算力的情况下。

"如果赢家违规,正当的输家可以退出该群体,续用旧头衔组建新群体,"密码学家尼克·萨博解释道,"依赖系统的用户可以安全地自行验证哪个群体严守规则,然后切换到正确的群体那边。"

中本聪在设计比特币之初,为了保证比特币挖矿机制的相对公平,对区块的大小进行了1MB的设定,这个设定可以保障普通的家用计算机也能参与挖矿。这为比特币网络的正常运行起到了很大的作用,普通家用计算机的挖矿也加速了比特币的普及。当时社区为此争论不休,形成两种主流观点:一是区块扩容8MB;二是隔离见证(Seg Wit)。

2017年8月1日,比特大陆对比特币进行了第一次"硬分叉",分出来的一支名叫比特币现金。

狗狗币、点点币这些竞争币种,都是独立建立数据、与比特币撇清关系的。而比特币现金和比特币共用某个时间节点之前的数据,两者的本质差别在这里,共用数据导致某个时间节点之前持币的用户自动同时持有两种币。更重要的是,比特币和比特币现金都声称自己才是正统,自己才真正贯彻了中本聪的愿景。"比特币现金"这个名字来自中本聪的白皮书《比特币:一个点对点的现金系统》,它强调的是交易的快捷。

当一种加密货币的共识机制产生分歧的时候,就会有人另立门户,从而出现分叉。比如技术升级、安全、账本确认等产生了分歧,所有节点都要选择站队。

典型的分叉币操作是:通过宣布分叉币,为每个用户按1:1的比例赠送特殊的新"分叉币"或"糖果"。

由于比特币现金在市场上的表现也不错,一些人认为比特币现金的做法可以效仿,于是纷纷通过技术手段对比特币进行硬分叉,分叉出属于自己的"比特币"。

很多关于区块链的书上都说,中本聪到底是谁已经不重要了。

真的不重要吗?其实,中本聪就是一面旗帜,如果某人能证明自己是中本聪,那么他只要振臂一呼,就会应者云集,他想分叉出一种更受欢迎的比特币一定轻而易举。

2016年5月,一位名叫克雷格·莱特(Craig S. Wright)的澳大利亚极客在自己的博客上发文表示,他就是比特币之父"中本聪"。尽管他没有拿出特别有力的证据,但一些证据也表明他可能参与了比特币设计一些工作,甚至有一本中国引进的《货币金融学》教材上,认为他就是中本聪本人。

第 3 章 价值网络
——从信息互联到价值互联

正是这个令很多人嗤之以鼻的"澳大利亚中本聪",要高举"中本聪"这面大旗来进行分叉,宣称自己的分叉币才是真正贯彻了中本聪的设想。

PoS 机制与 DPoS 机制

PoW 机制的问题集中在两点:一是浪费能源;二是联合挖矿,而大算力矿池可能对系统的去中心化构成威胁。于是,有人开始尝试一些新的共识机制。

"利害攸关者"主导的 PoS 机制

2012 年 8 月,一个化名 Sunny King 的极客推出了"点点币"(Peercoin),采用工作量证明机制(PoW)发行新币,采用权益证明(Proof of Stake,PoS)机制维护网络安全,首次将 PoS 机制引入加密货币。

PoS 机制采取选举的形式,把其中任意节点随机选择来验证下一个区块。验证者并不是被完全随机选择的,要成为验证者,节点需要在网络中存入一定数量的货币作为权益,可以将其理解为保证金。

PoS 机制中没有矿工,但是有验证者(Validator);并不让人们"挖"(Mine)新区块,而是"铸造"(Mint)或"制造"(Forge)新区块。权益的份额大小决定了被选为验证者的概率,从而得以铸造下一个区块

PoS 机制的最大特点是持有代币的数量及天数(币龄)

越大越有话语权。PoS 说白了就是中心化的回归，谁拥有的代币更多，谁就更有维护系统的动机，账本也应该交给他们去打理，也就是由最大的利害攸关者去记账。

这就需要在系统内发行一种代币，使用这种代币来表示系统中各个节点的权利，节点拥有更多的通证就拥有更多的发言权，也负有更多的责任，同时也能获得更多的收益。

以点点币为例，在 PoS 机制下，不论持有算力多少，都可以铸造区块；同时，也只有持有点点币的人，才有资格进行验证，参与网络安全的维护，不会出现利益错位的问题。

从拜占庭将军问题的角度来看，这种机制同样也能提高做叛徒的成本。

在 PoS 机制中，各个节点仍然协助创建和验证新的区块。奖励与暂时放置在网络中的资金量（权益）成正比。恶意欺骗行为将会受到惩罚，系统会没收其链上的部分或全部代币。

如果说 PoW 主要比拼算力，算力越大，挖到一个块的概率越大；PoS 则是比拼余额，通俗地说就是自己手里的币越多，挖到一个块的概率越大。PoS 只是代表一种共识机制理念，算法上已经出现了不同的迭代方案。

权益证明机制和工作量证明机制两者并非是对立的，区块链系统可以同时兼顾安全性和创新性。比如以太坊，首先以一种"混合"系统开始——混合了比特币式的工作量证明（PoW）挖矿和正处于实验阶段的权益证明（PoS）系统 Capsper。

第 3 章　价值网络
——从信息互联到价值互联

DPoS（受托人权益证明机制）

PoW 和 PoS 这两种共识算法都不完美。采用 PoW 的区块链项目使得算力两极分化，算力过分集中。而采用 PoS 的项目不需要比拼算力挖矿，不会浪费电力，并缩短了达成共识的时间，提高了效率。但是，PoS 也有一个弊端，即由于持币量更多和币龄更长的人会具有更大的影响力，于是会逐渐演变成只有长期持有的大股东能说话，小股东完全没有置喙余地的局面。记账权过分集中，会导致其代币的流通性也逐渐衰弱，最终无可避免地发展为一种中心化的趋势。

2013 年 8 月，丹尼尔·拉里默（Daniel Larimer）开发的一个名为比特股（Bitshares）的区块链项目，尝试了一种新的共识机制——受托人权益证明（Delegated Proof-of-Stake，DPoS）机制，又称受托人机制。

这种模式让用户指定特定的计算机持有人作为受托人，从而就区块链验证节点的表现和诚实程度投票。它的原理是让每一个持有比特股的人进行投票，由此产生 101 位代表，可以将其理解为 101 个超级节点或者矿池，而这 101 个超级节点彼此的权利是完全相等的。

这与现实世界中民选的立法机构制衡行政机构的机制有相似之处，即选出代表来记账。代币持有者若想成为一名代表，需先拿自己的公钥去区块链注册，获得特有身份标识符。注册成为候选受托人还需要缴纳一笔保证金，就像参与选举前缴纳的保证金一样，旨在保证受托人的稳定性。用户可以交易的形式进行投票，得票数前101位被选为代表。每个持有系统代币的人都是选民，每个人都可以用自己手里的选票投给自己认为最可靠的代表。代表们轮流产生区块，收益（交易手续费）平分。如果代表不能履行职责或者有不当行为，就会被除名，之前缴纳的保证金也会被罚没，而空出来的位置由票数排名第102位的代表自动填补。这种机制的设计有一点"民主集中制"的意味。丹尼尔·拉里默开发的另一个区块链项目EOS（Enterprise Operation System）也采用了这个机制。

第4章 加密账术
——金融危机的本质是账本危机

受信第三方才是安全漏洞所在。

——尼克·萨博

最深刻的技术是那些看不见的技术，它们将自己编织进日常生活的细枝末节之中，直到成为生活的一部分。

——凯文·凯利

区块链就技术层面而言，目前并不十分成熟，以至于至今还未出现区块链"杀手级应用"。似乎呼之欲出的数字法币，依然处于实验室阶段，而一些区块链浪潮中的领军人物只是半路出家，甚至几乎不懂技术。

那为什么区块链会被一些有识之士鼓吹到"革命"的高度呢？

区块链之所以重要，是因为"账本"很重要。区块链这种新的技术组合，要解决的就是账本这件大事。

在已知最早的成文法典《汉谟拉比法典》中，就有管理类似银行服务的法条。

从古至今，金融体系都围绕着一个中心循环：在古巴比伦时代，它是神庙；在今天，它就是银行。

我们当下使用的资金转移系统是基于数字技术，但其核心仍然是一种古老的中间人中心化系统。网络金融公司或银

第4章 加密账术
——金融危机的本质是账本危机

行是交易的中介。

区块链是对这种中心化的记账技术的叛逆。区块链有一个学名——分布式记账系统,揭示了它的革命性所在。

区块链的精髓就在于"账本",如果需要加上定语,那就是"分布式"和"加密"。所以,很多区块链项目或公司都以"××账本""加密××"或"分布式××"来命名。

区块链的本质,就是一种"分布式加密账术"。

区块链是一种新技术,但它要解决的却是一个非常古老的问题,就是如何记账以及由谁来记账的问题。

人们口中的"区块链革命",乃是就"生产关系"层面而言的。所谓"区块链革命",说白了就是一场基于加密技术的"分布式账本革命"。

我们现在还无法预测这种账本、密码学、P2P 网络的技术组合在未来究竟会带来什么样的影响,文明只能根据历史的经验来展望未来。

古老的记账技术

记账问题,是人类社会的一个非常古老的问题。

人类历史上最初的记账技术,可以追溯到 5000 年前两河流域的苏美尔文明,它是人类最古老的文明之一。根据严格的碳 14 测定,苏美尔文明比古代巴比伦文明还早约 2000 年。

苏美尔人不仅有自己的楔形文字,还有先进的记账货币体系。其货币体系也是现存记录最完善的古代账本体系。

1922年,英国考古学家伦纳德·伍利(Leonard Woolley)在波斯湾与巴格达之间,发掘出苏美尔人居住的一个城邦——乌尔,其中出土了许多文物,包括刀剑、头盔、乐器等,此外还有大量泥板。这些泥板以黏土为主要材料,大小不一,但都必须在泥板未干时,先刻上楔形文字,待干后便可保存。

根据已破译了的记录在黏土版上的楔形文字,发现大多数记录与商业交易有关。

1929年,德国考古学家尤利乌斯·约尔丹(Julius Jordan)率领一支考古队,在美索不达米亚西南部苏美尔人的古城乌鲁克发掘出了一块5000年前的巨大黏土泥板,上面刻满了楔形文字。

在对两河流域文明的考古发掘中,出土了大量的黏土泥板文献,其中的绝大部分都可归类为账本,包括税收、付款、私人财产、工人薪资等方面的记录。这些记录由此也成为人类最古老、最系统的账本。

一直到中世纪,欧洲商人的账本仍极其简单而凌乱——那只是一些自己才能看懂的纸条,上面记录着各笔生意的流水账。直到印度人发明的阿拉伯数字经中东传入欧洲,这种状况才有所改善。

14世纪,在意大利北部城邦佛罗伦萨出现了复式记账法

第4章 加密账术
—— 金融危机的本质是账本危机

（Double-entry Bookkeeping Ledger）的雏形，人类记账技术发生了第一次革命。

文艺复兴时代的"纸质版本区块链"

佛罗伦萨位于意大利中部，地理位置并不具有优势，为什么它会成为了欧洲的贸易中心、金融中心与文艺复兴中心？

佛罗伦萨崛起的关键是其领先的商业文明，也就是说，佛罗伦萨人做生意比较"靠谱"——他们有极为发达的"账本"文化。

当时佛罗伦萨的商业比较发达，银钱借贷十分频繁，钱庄业主为了记清楚账目，会为每个客户开设一个可以被审计的账本。

佛罗伦萨的美第奇家族的祖先被认为从事药剂师行业。14世纪起，美第奇家族开始经营钱庄业务，为了理清其债权债务关系，就给每个债权和债务人开设银行账户，并为每个账户设置了"应收"（债权）和"应付"（债务）两个科目。这被后世称为借贷记账法，也就是复式记账法的雏形。

钱庄在记录财务往来时，如果有人把钱存入钱庄或者归还向钱庄借的钱，则此人对钱庄的债权就会增加，或者此人对钱庄的债务就会减少，那么钱庄就在此人的账户上，将其金额记入"应收"科目，代表此人对钱庄的债权增加或者债务减少。

相反，如果有人从钱庄取走现金或者向钱庄借钱，钱庄就会在此人账户上，将其金额记入"应付"科目，代表此人对钱庄的债权减少或者债务增加。

钱庄用"应收"和"应付"两个科目就可以使钱庄的存钱、取钱、借钱、还钱四种业务得到清楚的记录，归根结底也就是资金流入钱庄和资金流出钱庄两种情形。

比如，某甲领了老板的薪水，去买了某乙的一头牛。在整个过程中，可以完全不用现金过手。老板可以在某甲的账本里加一个数字，并在自己账本里相应地减掉一个数字，就代表已经给某甲发工资了。而某甲去找某乙买牛，也可以只拿账本，从中减掉一个反映一头牛价格的数字即可，而某乙的账本则增加了一头牛的收入。某乙如果想提现，就去找钱庄对账即可。所有人都是通过更新自己的账本来完成交易的，这就省去了携带大量沉重铸币的麻烦。

在佛罗伦萨，一个没有自己账本的人是没有地位的，就如同一个现代人没有自己的信用一样，是被排斥在社会主流之外的。

当然，这种账本是不能作弊的，要经得起审计，能与其他人的账本对得上才行。在佛罗伦萨，账本的意义不仅仅在于效率，它还是一种道德指针。当地有一句民谚："经常对账，朋友长存。"

如此一来，当一个人有了这种账本，那么本质上这个人

第 4 章　加密账术
——金融危机的本质是账本危机

就是一家"个人有限公司",因为他有自己的可审计账本。

在佛罗伦萨,每个人的账本都是有法律效力的。官方要求公民长期保存账本,以便核查。在核查中,如果有人被发现做假账,就会有牢狱之灾。

由于人们都记账,账本之间互相有经济往来,整个社会就被编制成一张分布式的账本网络。

所以,一个人如果想篡改自己的账本,还必须同时改掉其他所有人的账本,不然就会露馅。

可以说,区块链的公共账本不可篡改的构想,早在800年前的佛罗伦萨就出现了雏形,已经出现了一种小型的"纸质版本区块链"。

长年累月,佛罗伦萨人就养成了严谨记账的习惯,做生意丁是丁卯是卯。于是,很多投资者都愿意迁往佛罗伦萨。

需要说明的是,这个时期佛罗伦萨采用的是复式记账法,还处于萌芽阶段,大部分账户也只是叙述式的。

现代会计的灵魂

现代意义上的银行,萌芽于文艺复兴时期的意大利。

1397年,乔凡尼·美第奇(Giovanni Medici)将家族的钱庄生意升级,创建了美第奇银行,为欧洲那些富有的零售商和贸易商服务。

创业之初,美第奇家族与《教父》里的科莱昂家族没什么区别,只是一个常年在街头放高利贷的暴力团伙而已。

但这个黑道出身的家族之所以能够做大做强,赢得世人的信任,要归功于他们大量采用了复式记账法。与此同时,欧洲其他钱庄使用的大多是单式记账,也就是流水账。美第奇家族那些整齐的账本一直保存到了现在。

美第奇家族自从全面采用复式记账系统,业务水平就提高到了一个全新的层次,并提升了他们的信用水平。

这种严格的会计技术,也使得他们发行的私人货币——汇票更有市场。这让他们有了一种近似取之不竭的融资渠道,更凭此拓展了他们的势力,从而成为欧洲最强大的家族。

复式记账法堪称一次账本革命,而美第奇家族的崛起也为其他公司树立了标杆。

1494年,意大利教士卢卡·帕乔利(Luca Pacioli)出版了著作《算术、几何比及比例概要》,其中一章"簿记论"全面系统地介绍了威尼斯的复式记账法,并从理论上给予必要的阐述。帕乔利将美第奇家族所采用复式记账法的规则加以归纳整理,并加入了一些自己的见解。

作为教士的帕乔利所总结的复式记账法,将基督教商人从对道德和高利贷的纠结中解脱了出来,因为这种记账法可以明白地反映他们对社会所做的贡献。帕乔利写道:"商人在记录生意往来时,在每一笔交易中应该以公元纪年作为时间,这样他们总是能记着要遵从道德规范,而行事时总能谨

第4章 加密账术
——金融危机的本质是账本危机

记上帝的圣名。"

一些书商将这本书中设计记账法的内容抽出来,单独成册刊印,大受欢迎。从此,复式记账法在欧洲流行开来。帕乔利被认为是复式记账法的发明人,被尊为"现代会计之父"。

没学过会计的人可能很难理解为什么账本这种枯燥的记录证明会被描述为一项具有革命性的技术。

从现代人的观点来看,复式记账法并不是什么高难度的"技术",而是任何一个有基本会计知识的人都懂的事情。然而,它的机制只有在走过弯路后才能被理解。

复式记账法是历史上的商人和学者共同努力的智慧结晶,是被时间证明可靠的记账法。

历史上,英国、苏联等国家都曾经拒绝过这种记账法,采用自己发明的会计体系,但到后来都转为拥抱这种记账法。直到1992年,我国才全面采用复式记账法。

账本,从根本上讲,所描绘的是一个社会的生产关系。生产关系是卡尔·马克思提出的一个政治经济学概念,它反映的是人们在生产中的地位和相互关系、产品分配的形式等。

账本改变生产关系,是曾经切切实实发生过的历史。

虽然账本非常重要,但是几千年来,记账这门技术一直少有太大的变化,而一旦发生变化,则影响极为深远。

复式记账法催生股份制公司

复式记账法又叫借贷记账法,是现代会计普遍使用的一种记账方法。

复式记账从诞生之初就意义非凡,被誉为现代会计的开端、"会计的灵魂"。它最简单的概念就是有进必有出、借贷必平衡,在结构上具有不重复、不遗漏的特征,便于审计(Audit)。

复式记账法是基于这样一个事实:任何一项经济业务的发生,都会引起资产和负债的至少两个项目发生增减变动,而且增减的金额相等。

比如,你的朋友从你那里借了5000元,你要记账。如果使用单式记账法,你只要记下"借给朋友5000元"就行了;但如果使用复式记账法,你就必须同时记下两项,一项是"从银行取款5000元",另一项是"借给朋友5000元"。也就是说,一笔业务,你要把它的来龙去脉都记下来。

尽管复式记账法记账手续繁杂,却可以全面、清晰地反映经济业务的来龙去脉,而且还能通过会计要素的增减变动,全面系统地反映经济活动的过程和结果。

作为财务诊断工具,复式记账法和单式记账法的区别,就像心电图和听诊器的区别一样大。正是这么一个看似简单的记账技术,对近代资本主义经济产生了巨大的影响。

第 4 章 加密账术
——金融危机的本质是账本危机

复式记账法需要在多个账本里同时登记等额的借贷数据，以使各账本之间的信息守恒。

这种新的记账方法使公司的经营情况一目了然，而且便于快速查找错误，如果借与贷不平衡，可以被立刻发现。

复式记账法是一种高效的商业交流语言，堪称一场重大的商业技术革命。它在历史上第一次提供了计算利润的有效工具，不仅能清晰地追踪资金来源与去向、反映资本回报率，更重要的是其"资产＝负债＋所有者权益"的平衡式，是"资本主义"这一概念最简洁的表达。从此，资本主义以利润为中心的思维结构才逐渐清晰起来。这种负债和权益的复式记账方式，为股份制公司的出现奠定了基础。

17 世纪中叶，英国的东印度公司签发了永久股份，把航海冒险变成了长期投资，然后改变了会计的结算方式，从单次清算变成年度分期核算，股份制公司就此诞生。

到 19 世纪末，复式记账法被全世界广泛使用。毫无疑问，这种记账技术不仅对公司记录有深远影响，而且能定义公司的未来。

后来，复式记账被普及到全世界并成为世界通行的规则，大家都拿一个纸质账本，由职业会计给大家记账。会计师事务所就成了一种中介。

经济学家熊彼特（Joseph A. Schumpeter）曾说过："复式记账法是资本主义高耸的纪念塔。"可以毫不夸张地说，复式记账法奠定了资本主义发展的基础。

那么，分布式记账法会对人类社会产生什么样的影响呢？

当分布式记账系统一样值得信任时，账本便不再需要由会计师事务所、金融机构来维护，这会推动企业部门改变对当前运作与未来期望的思考，并带来根本性的变革。这是人们对区块链技术的最大期待。

账本炼金术

中世纪那些破产的银行家，会被政府处以绞刑或枭首示众。

而"玩砸了"的现代银行家，至多会被送进豪华监狱里思过。甚至像麦道夫这样的金融巨骗，其待遇也远比政治犯要好。在极大收益与极小惩罚之间，做假账反而成了一种"理性的"选择。

在华尔街，有一句大家都知道的谚语："如果你欠银行10万美元，那么你的财产归银行所有；如果你欠银行1亿美元，那么银行归你所有。"

这句话放大到极致，就是一些金融机构可以"大而不倒"——因为牵涉太广了，监管机构在"政治正确"的牵绊下不敢让它们倒闭。

几百年来，复式记账法及其审计已经成为人们心中"事实"的代名词，而这种错觉正是金融危机的根源。是时候来

第4章 加密账术
——金融危机的本质是账本危机

一场记账革命了。

现在的信用货币,比如美元,其本质上也是一套复式记账系统中的资产和权益。

账本是由按照规则排列的数据结构组成的。每当需要对一些事实达成某种共识时,人们就会使用账本。

人们对事实及其变化达成一致,即对账本内容达成共识,以及对账本的精确性充分信任,是市场经济的基石。账本里记录的事实,是支撑现代社会运行的底层逻辑。

美联储就拥有这种记账权。为了帮资本家纾困,美联储开始了"货币炼金术",信用货币超量增发。

2008年的金融危机,少不了美联储货币政策的推波助澜。

为了应对2000年前后的网络泡沫破灭,2001年1月至2003年6月,美联储连续13次下调联邦基金利率,该利率从6.5%降至1%的历史最低水平,而且在1%的水平停留了一年之久。低利率促使美国民众将储蓄拿去投资资产、银行过多发放贷款,这直接促成了美国房地产泡沫的持续膨胀。

美联储的货币政策使得市场形成一种预期:只要市场低迷,政府一定会救市。

整个华尔街弥漫着投机气息。然而,当货币政策连续收紧时,房地产泡沫开始破灭,低信用阶层的违约率首先上升,由此引发的违约狂潮开始席卷一切金融机构。

这次金融危机,对比特币来说可谓恰逢其时。

另一方面,经济的强行重组,也会带来整个社会账本的混乱,从而引发金融危机。委内瑞拉是一个石油储备非常丰富的国家,而这么一个"守着摇钱树"的国家,却一度成为全球经济危机最严重的地方。

在查韦斯当政时期,高油价为委内瑞拉带来了巨额财富,政府的高福利开支也深得民心。但随着油价崩盘后,政府要维持这种高福利,只能滥印钞票,结果导致货币疯狂贬值。

货币急剧贬值,大量资本加速外逃,委内瑞拉不多的外汇储备很快接近耗干,这又进一步加剧了货币的贬值。根据国际货币基金组织(IMF)预测,委内瑞拉的通货膨胀率将于 2018 年年末达到 1000000%(1 万倍)。这将超越 1923 年的魏玛共和国。

出于对记账"中介"的不信任,人们开始渴望改变这种局面,甚至越来越多的人呼吁重启"金本位"。2008 年前后,杂糅了货币史和阴谋论的《货币战争》一书的流行,正是这种大众情绪的反映。

2008 年,一个叫中本聪的人(或组织)写了一篇论文,介绍了一种名叫比特币的"点对点现金系统"。至此,"区块链"的概念问世了。

区块链这个概念和复式记账本非常像,也要求把收入和支出的来龙去脉记录完整而清晰。

第4章 加密账术
——金融危机的本质是账本危机

不同的是,它不需要"中介"来记账,而是采用"分布式"记账。这是人类记账方法的一次重大升级。

弱中心化,一种切实可行的方案

美国商界有一句名言:"如果你不能战胜对手,就加入他们中间去。"华尔街的银行家们喜欢安全性、零摩擦及即时交易这个概念。很多金融机构早已展开调研,以利用其中可能存在的机会。

区块链按照其开放度、安全性和私密性,可以划分为三种类型:公有链、私有链和联盟链。但是,在实际应用中,单一的某种链常常无法满足用户需求,于是就出现了多种类型的结合,如私有链+联盟链、联盟链+公有链等不同的组合形式,最后产生了侧链和互联链。

"去中心化"固然降低了信任成本,但在实际操作中,完全的去中心化会增加监管成本,因此,"弱中心化"正在成为一种为社会主流所接受的落地方案。

绝对去中心化的公链

公共区块链(Public Blockchain)简称公链,是指全世界任何人都可以读取、发送交易并能获得有效确认的共识区块链。公链的安全由工作量证明(PoW)机制和权益证明(PoS)机制等方式负责维护。公链上的行为是公开的,它不受任何人控制,也不归任何人所有,被认为是"完全去中心化"的区块链,如比特币(BTC)、以太坊(ETH)、小蚁(NEO)等公链。

公链一般以代币激励与数字加密验证相结合,并遵循一般原则:每个人可从中获得的代币激励,与其对共识过程中做出的贡献成比例。通常称之为"完全去中心化"。

公链的账本是完全去中心化的,对所有人都开放,即网上每个人都可以读取与发送交易。公链的任何节点都是向所有人开放的,任何人都可以下载获得完整区块链数据(全部账本)。典型的应用就是比特币和以太坊。

很多技术团队都宣称要做一条自己的公链。然而,现在大多数的商业公链都是复制比特币或以太坊,或者在它们的基础上修改调整参数而来的,这其实只是一种"替代链"。

安全、高效的私有链

私有区块链(Private Blockchain)简称私有链。一些金融机构已经打造出了属于自己的私有区块链,称之为分布式记账技术,以期将公链的优点与一个需要银行或金融机构授权的完全封闭系统结合起来。私有链可以有效地解决传统金融机构的效率、安全和欺诈问题。

对这些金融机构而言,区块链是替代现有数据库技术的备选方案,它能让关键利益相关者(买家、卖家、托管人及监管者)保持共享及不可擦除记录的数据库,能够降低成

第4章 加密账术
——金融危机的本质是账本危机

本、降低结算风险及消除故障中心点。有别于公链开放性、透明性的特点，私有链强调的就是私密，仅限于一个企业、组织以及机构内的用户访问和交易，并不希望任何人都可以参与、任何人都可以查看所有数据，只有被许可的节点才可以参与并且查看数据。

这种审慎的尝试已经代表了主流商业机构对待区块链的态度——取长补短、风险可控。人们所谈的无币区块链（Token-less Blockchain），大多是指私有链。

私有链验证仅为内部公开，所以不存在部分验证节点51%攻击的风险，交易成本低，不需要通过上万节点的确认。

金融机构对这种私有链系统有很大的兴趣，这也招来了一些反对的声音。他们认为，这样的发展违背了"去中心化"的本质，认为私有链并不是纯粹的区块链。然而，区块链的权威尼克·萨博却认为，一些"私有链"也是真正的区块链，其他的则应该归到"分布式账本"或者"共享数据库"类别下。

部分去中心化的联盟链

联盟区块链（Consortium Blockchains）就是区块链的联盟，简称联盟链。例如 Linux 基金会于 2015 年发起的超级账本（Hyperledger）开源项目。

因为需要保密的行业和应用不需要公有链公开透明的特性，联盟链应运而生。因只针对联盟成员开放全部或部分功能，所以联盟链上的读写权限以及记账规则都按联盟规则进行"私人定制"。

以超级账本为例，加入成员包括荷兰银行（ABN AMRO Bank）、埃森哲（Accenture）等十几个不同利益体，目标是让成员共同合作，共建开放平台，满足来自多个不同行业的各种用户案例，并简化业务流程。

联盟链是指共识过程受到预选节点控制的区块链。比如，15个机构组成的一个共同体，每个机构运营一个节点，为了使每个区块生效，必须获得其中10个机构确认。通常称之为"部分去中心化"。

联盟链只针对某个特定群体的成员和有限的第三方，内部指定多个预选节点为记账人，每个区块的生成由所有的预选节点共同决定。

可以说，联盟链是介于公链和私有链之间的一种折中方案，是基于公链的"低信任"和私有链的"单一高度信任"的一种混合模式。

联盟链上的数据可由被服务的集体选择公开或者不公开，两者都可以。相比公链，联盟链和私有链在效率和灵活性上更有优势。

具体来看，联盟链与公链相比，具有高可用、高性能、可编程以及隐私保护等优势，它被认为是"部分去中心"或者"多中心"的区块链。

第 4 章　加密账术
——金融危机的本质是账本危机

联盟链让节点数量得到了精简，交易只需被几个授信的高算力节点验证就可以，而无须全网确认，能够使系统的运行效率更高、成本更低，在单位时间内能够确认的交易数量要比公链多很多，更容易在现实场景中落地。

此外，联盟链相对于公链的一个非常重要特点就是节点准入控制与国家安全标准支持，确保认证准入、制定监管规则符合监管要求，在可信安全的基础上提高交易速度。

如果需要的话，运行私有链的共同体或公司可以很容易地修改该区块链的规则，还原交易，修改余额等。

由于点对点网络的特性，分布式账本技术是完全共享、透明和去中心化的，故联盟链适用于金融机构、行业协会、大型连锁企业以及制造、银行、保险、物联网等行业。

在共识机制方面，PoW 适合应用于公链；私有链因为不存在验证节点的信任问题，采用 PoS 比较合适；而联盟链由于存在不可信局部节点，可以采用 DPoS 机制。

第5章 通证经济
——加密经济学与人类行为

金钱对我来说，只是一个游戏的记分牌。

——沃伦·巴菲特

计算机工程、数学、密码学及行为经济学的结合或许能推动第二代数字经济。

——唐塔普斯科特

什么是经济学？

你去问 10 个经济学教授、经济学大师，给出的定义都不尽相同。

然而，这又是每一位从事经济学研究的人应该首先回答的问题。

奥地利经济学派第三代掌门人米塞斯（Mises）给出的答案是：经济学是关于人类行为的科学。

米塞斯把以经济学为典型的知识分支命名为"人类行为学"（Praxeology），也就是人类行为的逻辑。

19 世纪 70 年代，经济学领域有一个奥地利经济学派开始兴起。奥地利经济学派产生的时代，正是古典经济学崩溃的时代。然而，奥地利经济学派的研究方式与英国的古典经济学一脉相承。也因此，奥地利经济学派的研究方法可视为延续了 15 世纪以来的经济思想，包括大卫·休谟（David

第5章 通证经济
——加密经济学与人类行为

Hume)、亚当·斯密、大卫·李嘉图(David Ricardo)、弗雷德里克·巴斯夏(Bastiat)等主要的经济学家。

奥地利学派的开创者卡尔·门格尔(Carl Menger),成功捍卫了亚当·斯密的"利益和谐论"和亚当·斯密主张的"自然自由秩序论"。

奥地利学派认为,只有在逻辑上出自人类行为原则的经济理论才是真实的。这种理论的正式名称是人类行为学,而奥地利经济学派长期以来便提倡一种从这种理论所衍生的解释方式。

代币与人类行为

在很大程度上,经济学研究的就是激励机制,即预期的结果如何影响人们的行为。而"token"是激活一个封闭系统的重要工具。

英文的"token",翻译过来就是"代币"的意思,它还有"象征、记号"等含义。

最常见的代币之一是游乐场或电子游戏厅的金属游戏币,它是一种类似货币,但限制使用范围、不具通货效力的物品。

此外,移动公司的充值卡,理发店的储值卡,各种网络游戏里的点卡、"金币",腾讯公司的Q币等,都属于代币。

可见,代币的材质以金属或IC卡为主,也可以是虚拟化的,比如一个电子记账系统。

从人类行为学的角度看，只要人类做过物物交换的尝试，那么货币的出现就是注定的事。而代币作为一种流通范围有限的"货币"，与人类行为有着密切的关系。

在欧美国家有一种儿童行为矫正法，名为"token 疗法"。它是行为主义心理学家提出的一种行为塑造方法，比如对行为粗野的小朋友，在他讲礼貌的时候发小红花这种代币作为奖励以强化他的正面行为。

沃伦·巴菲特曾说："金钱对我来说，只是一个游戏的记分牌。"可见，诸如积分、代币这种东西，与金钱有相通之处，有着类似的激励作用。下面先用一个案例解释什么是通证经济。

比技术更稳定、更持久的是人性。如何让高度分散的节点在去中心化的区块链网络中高效地针对区块数据的有效性达成共识？能否通过博弈论来设计一套激励系统和治理机制？

比如，能否吸引足够多的人来"挖矿"，以保障系统安全，避免共识机制遭受攻击？能否根据用户行为（主动工作），而产生可货币化奖励？又如，区块链是否自动将利润（Profits）分配给代币持有者？这些都属于人类行为学的范畴。

用经济学的手段，通过发行代币，让代币流转、分配，来激活这个经济系统，用游戏规则奖励善行、抑制恶行。值得指出的是，经济学激励机制的作用并不是绝对的，因为个

第5章 通证经济
——加密经济学与人类行为

人行为者可能会受到协议外动机的驱动。

无币区块链与有币区块链

把"token"翻译为"代币"本来没有任何问题。就连"币圈"人士奉为圭臬的《货币的非国家化》一书里,也是将"token"译为"代币"。

然而,最近有人主张将"token"翻译为"通证"。这看起来是一种充满"违和感"的译法,但也在一定范围内流行开来了。为什么还会出现"通证"这个译法呢?这与监管部门加强对加密货币的监管力度有关。有人认为,将"代币"改称"通证",可以避免一些争议,自然就在"币圈"流行开来了。鉴于很多人已经先入为主,为行文方便,本书对两种译法都采用,本书中的通证即代币,代币即通证。

代币是否具有证券属性才是重点

无币区块链又叫无代币区块链,即区块链并不通过代币进行价值交换,一般出现在不需要在节点之间转移价值并且仅在不同的已被信任方之间共享数据的情况下,这种区块链其实就是"私有链"。

然而,监管的关键并不在于"有币"或者"无币"。监管的关键在于代币是否具有证券属性,而不在于它叫什么名字。

事实上,私有链一样可以有"空气链""传销链"这种"伪创新",不提代币就能绕过监管,其实是小看了监管部门的智慧。

其实,根据国外的监管经验,可以将代币区别对待来监管。现在很多国家大致上是这样:如果一种代币不是功能型代币——比如它不是一种获得某种功能和某项数字服务的方式——或者也不是代币,那么就会被监管部门分类到"证券型代币",这种代币需要严格监管。

比如,瑞士将代币分为三类:支付型、资产型和应用型。

而美国的区分则更科学一些,将代币分成以下三类来分别监管:第一种是货币(Currency)型代币,也就是人们常说的数字货币、加密货币或虚拟货币,如比特币、莱特币;第二种是证券(Security)型代币,很多ICO项目发行的就是这种代币,目前对这种代币已经采取全部禁止的政策;第三种就是商品(Good)型代币,比如在网络游戏里通过"打怪"捡到的"金币"、在网络社区发表内容获得奖励的"贝壳"等,这其实是一种虚拟资产。这种代币当然也需要监管,但它的风险要小得多,在风险可控的前提下,可以实行弱监管。所以,区块链能否有代币,应该根据具体的行业和应用场景来讨论。

一些区块链应用场景离不开代币

"无币区块链"当然可以优先发展,但某些区块链的某

第5章 通证经济
——加密经济学与人类行为

些应用场景是注定要"有币"才能成立的。

比如游戏,很可能是促进区块链普及的另一个"杀手级应用"。道理不难理解,很多人正是通过游戏学会了使用计算机和上网的入门知识的。

但游戏中代币的使用范围必须符合法规,比如不能跨平台使用、不能兑换现金等。

需要抛弃一种幻想,那就是监管部门会简单到以"有币"或者"无币"论区块链是否合法。事实上,"无币"的区块链也存在"空气链","有币"的区块链应用一样可以在监管之下健康发展。

如腾讯公司的 Q 币,它是一种代币,却不是一种数字货币。在法规之下,它只能运行于腾讯公司这个封闭的虚拟经济体系内。

在一个网站里,不论它的"token"叫钻石、金币、贝壳还是树叶,其本质都是代币;不论称之为代币还是通证,都不能避开监管。

Q 币依然叫 Q 币,却是合法的;某些非法传销即使自称直销,也是非法的。因此,把代币改称通证,某种程度上只是一种回避监管的幻想。

据国家工商总局商标局官网信息显示,腾讯公司已经申请 infcoin、波币、Qbanking、波动星球等商标。此外,度宇宙、网易星球等区块链平台也会发行自己的代币,但这种代币只是一种类似"积分"的东西,而并不是"币圈"人士口中的"数字货币"。理论上,在企业搭建的封闭体系内,代币是可以存在的,只要不兑换法币,就没有触碰监管底线。就像网易星球、度宇宙都有代币,目前都在低调运营,似乎都在等待一个明确的监管框架。

就当下而言,进行 ICO 的区块链项目,98% 以上都涉嫌违法,在泡沫没有消退之前,监管是不可能放松的。

Q 币模式是代币监管的底线

曾听过一种说法:马化腾就是中本聪。这显然是一种不负责任的妄议。

但是,很多游戏公司推出的在线游虚拟社区,确实为区块链代币经济提供了现成的模型。

以腾讯公司的 Q 币为例,这是由腾讯公司于 2002 年推出的一种代币,可以用来支付 QQ 会员服务,以及购买虚拟世界的装备、礼物等。此外,还有一种存在于电子加密货币圈中的代币,名称是 QQCoin,但两者没有任何关联。

即使像 Q 币这样的代币,也一样存在一定的金融风险。

随着虚拟经济的演变,发生了一件腾讯公司也始料未及的事情,那就是其他网站也开始接受 Q 币支付了。据官方媒体报道,一些网民开始用 Q 币购买实体物品,如衣服、化妆品等;一些在线服务开始接受 Q 币付费;更有赌徒利用 Q 币

第 5 章 通证经济
——加密经济学与人类行为

规避法律对赌博的限制,将在线赌博赢得的 Q 币兑换成现金。

最关键的是,产生了很多提供 Q 币兑换成现金服务的"黄牛"。花旗银行的经济学家黄益平认为,这使 Q 币成了一种事实上的准货币。

由于 Q 币实行的是对人民币 1:1 的固定兑换"汇率",注定它最终将会被纳入监管体系。到 2007 年,已经有学者指出了这其中的金融风险。Q 币可以跨平台充值、购物,大有通行全网之势,俨然已经成为一种虚拟货币。于是央行出面呼吁,虚拟货币不可替代人民币购物,不可跨平台进行消费,并隐性点名批评了腾讯公司。这也帮助 Q 币走上了正轨,在监管框架内发展。

腾讯公司回应称,从未想过发行"货币",也不认为 Q 币会成为虚拟货币。腾讯公司还根据政府的要求下调了用户间转让 Q 币的数量,并关闭了将游戏积分转成 Q 币的渠道,以减少 Q 币在市场上的流通量。

2009 年 1 月 4 日,一个网络 ID 为"中本聪"的人在北欧的一台小型服务器上,亲手创建了第一个区块——比特币的创世区块(Genesis Block),并获得了第一笔 50 个比特币的奖励,第一批比特币问世。比特币这种加密虚拟货币仅仅问世 6 个月,就引起了监管部门的警觉。

2009 年 6 月 28 日,我国有关部门联合发布了《关于加强网络游戏虚拟货币管理工作的通知》。

这则通知明确了虚拟货币表现为网络游戏的预付充值卡、预付金额或点数等形式,但不包括游戏活动中获得的游戏道具;虚拟货币不得用以支付、购买实物产品或兑换其他企业的任何产品和服务。

腾讯公司 Q 币的合法存在,可以视为官方对代币的容忍底线。

形形色色的共识机制,如工作量证明、权益证明、权益授权证明、燃烧证明、重要性证明等,本质上都是一种激励机制。从这个意义上说,区块链去掉了以代币为核心的激励机制,将会使很多项目失去活力。

一种代币策略的好坏,不在于它的代币能否在二级市场炒作,而在于它能否真正创造价值,能否用代币激活系统内部生态。发行代币,不一定非要进行 ICO,也不一定非要上"交易所"。如果能像普通游戏平台一样,在监管框架内发行功能简单的代币,只用于生态系统内部的激励与消费,未必不是一种务实的选择。

还有一种可能:在技术足够成熟的条件下,国家可以统一发行一种能够跨平台使用的代币。这种代币既能激活区块链经济系统的内部活力,又能保障金融安全,同时还利于政府监管。

第5章 通证经济
——加密经济学与人类行为

网游是通证经济的急先锋

《第二人生》是一个虚拟世界游戏,注册用户一度超过600万人。

《第二人生》的开发商是总部位于旧金山的林登实验室(Linden Lab)。与其他网络游戏不同,这个虚拟世界里没有"打怪升级",有的是现实世界里有的一切:大生意与小买卖、家庭与朋友、邂逅与分别、嬉笑怒骂与爱恨情仇、休闲与旅行等。

林登实验室限定自己仅能向居民和企业提供土地和工具,让他们发挥想象,亲自动手创造世界。

最关键的是,为了激活这个社区,一开始林登实验室便提供给玩家自主拥有和管理游戏中物品的权利。玩家可以扮演一个同现实生活迥然不同的角色,可以在这里自己创造并购买物品,拥有物品的所有权和销售权。林登实验室还提供货币兑换,玩家可将在《第二人生》中赚到的虚拟"林登元"兑换为真正的美元。网络游戏的代币设计,为区块链的通证经济模型铺平了道路。

《第二人生》将虚拟资产这一概念带到了一个全新的高度:在游戏中,任何东西都是可以购买和出售的。这个机制很不同于其他游戏开发商。比如,暴雪公司开发的《魔兽世界》,游戏条约上写得很清楚,游戏中的任何物品不属于玩家,最终拥有者属于厂商,暴雪公司保留所有游戏数据和任何游戏内容的所有权和解释权。

维塔利克·布特林是一个出生于俄国的加拿大人。

1999年,5岁的布特林父母离婚,布特林跟随父亲从莫斯科技术移民到加拿大多伦多。

布特林的父亲是一位IT工程师,作为一个移民少年,维塔利克·布特林沉迷于网络。

布特林曾经有一段时间沉迷网游《魔兽世界》,但因不满游戏官方随意修改规则,一怒之下弃掉了这个游戏。

然而,沉迷《魔兽世界》的这段经历,显然对布特林日后设计以太坊的通证经济模型影响很大。

首先,他发现了比特币。当绝大多数人认为比特币是一个笑话的时候,对于像布特林这种"数字原住民"来说,这一切都是那么理所当然,因为他早就见识过《魔兽世界》中对虚拟资产的炒卖。

布特林说:"我有这些不同的兴趣,而比特币像是一个完美的组合。它含有数学、计算机科学、密码学、经济学、政治及社会哲学。我立刻被这个社区吸引了。"

17岁那年,布特林开始为《比特币周报》写稿。布特林写了一些文章,总共赚了20个比特币。这个带着憨笑的瘦弱少年,用其中的8.5个比特币买了一件T恤。

通过撰写专业文章,用比特币购物消费,布特林大致理

第 5 章　通证经济

——加密经济学与人类行为

解了通证经济模型的设计轮廓。

布特林已经沉迷区块链经济与技术中无法自拔，区块链占据了他的整个生活。

这个时候，布特林已经成为比特币社区的一名活跃分子，他干脆在就读滑铁卢大学办了休学手续，全职投入了对比特币的研究。

比特币（Bitcoin）这个词至少有三重含义：第一，作为一个现金系统，比特币是指一种采用区块链技术的平台；第二，作为一种技术，比特币是指一种基于底层区块链技术之上运行的协议，这种协议可以描述资产是怎样在区块链上转移的；第三，作为一种加密的数字货币，它就叫比特币。

19岁时，布特林看到了比特币在基础架构上的一些局限性。他向比特币社群提出自己设计的程序，并想要改造现有的比特币区块链系统，却被比特币的核心开发人员拒绝。

于是，他干脆另起炉灶，希望能开发出一个通用的平台，让所有开发者可以在上面建构属于自己的区块链延伸应用程式，这个构想就是"以太坊"（Ethereum）智能合约。

"以太"（Ether）是古希腊哲学家亚里士多德所设想的一种物质。在亚里士多德看来，物质元素除了水、火、气、土之外，还有一种居于天空上层的以太。于是，以太成为物理学史上一种假想的物质概念，其内涵随物理学的发展而演变。起初以太带有一种神秘色彩，后来人们逐渐增加其内涵，使它成为某些历史时期物理学家赖以思考的假想物质。

布特林启动这个项目时，真的可以说身无分文。他只能四处筹款，其中有10万美元来自硅谷风险投资家彼得·蒂尔的赞助，另外还有几十万美元来自中国上海的一家公司的投资。为了这几十万美元，布特林曾多次飞往中国，甚至还按照中国人的习惯参加了一些聚会。需要说明的是，布特林的中文说得还可以。按照布特林提出的设想，以太坊主网上线后，他要么继续为《比特币周报》撰稿赚取稿酬，要么回到滑铁卢大学继续完成学业。

2014年7月，"以太坊计划"启动，以太币众售募资。"你若信任我们，请用比特币支持我们开发以太坊"，当时1个比特币可兑换2000个以太币。

后来的故事出乎所有人的意料，媒体的热捧起了推波助澜的作用，结果造成了轰动。12小时内，热销超过700万个以太币，为期42天的众筹让以太坊团队募得31000个比特币（约1840万美元）。

以太坊被媒体称为"区块链2.0技术"，它是相对于比特币这种"区块链1.0技术"而言的，是一个实现了"图灵完备"应用的平台。"图灵完备"意味着你的语言可以做到能够用图灵机做到的所有事情，可以解决所有的可计算问题。

然而，"图灵完备"是以太坊的优点，也是它的弱点，这意味着它将会有更多的、被黑客攻击的弱点暴露出来。

第 5 章　通证经济
——加密经济学与人类行为

加密经济学与以太坊

加密经济学（Crypto Economics）这个概念是以太坊创始人布特林最先提出的，他认为区块链生态系统的设计，其实是一种加密经济学。

所谓的加密经济学，是利用密码学和人类行为学来创建一个区块链经济系统的学科。

当然，也有人认为这种生造概念只是一种噱头。从某种程度上讲，布特林堪称一位通才。他少年时曾在互联网上消耗了大量的时间，阅读那些非正统的、非主流的理念。

美国加利福尼亚大学有一位名为乔杜里（Chowdhry）的金融学教授，他在专栏中说打算提名中本聪为 2016 年诺贝尔经济学奖得主。当然，鉴于中本聪是一位匿名人士，这个提议不具备可操作性。

这也意味着，与区块链相关的经济学将不再是一个小圈子里讨论的概念，开始慢慢获得主流学界的重视。

以比特币为代表的区块链经济系统，涉及密码学、社会学、心理学、金融学、行为经济学等多元学科的知识。

对布特林产生深刻影响的学者有泰勒·考恩（Tyler Cowen）、亚历克斯·唐塔普斯科特、罗宾·汉森（Robin Hanson）、布赖恩·卡普兰（Bryan Caplan），以及博弈理论家托马斯·谢林（Thomas C. Schelling），行为经济学家丹尼尔·卡尼曼（Daniel Kahneman）等。

布特林认为，加密经济学，简而言之，就是利用激励机制和密码学来设计新的系统、应用和网络。

布特林将其开源区块链平台以太坊称为"世界计算机"——以太坊的愿景是成为一台无法被关闭、被摧毁和自我维持的去中心化的世界计算机。以太坊运行于现有的互联网上，以太币是其中流动的一种资产，它的一项功能就是可以用来购买使用这台"世界计算机"的"燃料"。

以太币通过生成并燃烧 gas（gas，直译就是"瓦斯"的意思）的方式支持以太坊上的活动。这是基于博弈论的一个设计。正如免费会导致高速公路瘫痪一个道理，之所以要燃烧 gas，就是为了防止以太坊遭到低成本的恶意攻击而瘫痪。如果黑客想恶意使用以太坊而令其瘫痪，就要消耗大量的 gas，而掌握大量 gas 就要付出代价，要购买大量的以太币兑换成 gas，如此一来，黑客也就将自己和以太坊的利益绑在一起了。

以太币可以理解成一种"燃料型代币"，用于支付以太坊这台超级计算机的"上机费"。

加密经济学的宏观愿景，是将这种成功的加密经济激励模式扩展到各个方面，包含交易、计算、存储、预测、能源等领域。

仍以以太坊（Ethereum）为例，这是一个开源的、具有

第 5 章 通证经济
——加密经济学与人类行为

智能合约功能的公共区块链平台。

以太坊区块链上的以太币（Ether）是以太坊上用来支付交易手续费和运算服务费的媒介，通过它可以使用去中心化的"以太虚拟机"（Ethereum Virtual Machine）来处理点对点合约。

一旦燃料型代币有了升值或贬值的预期，就会有人炒作它，这种"燃料"的价格就会产生波动。这就会影响到用户体验：如果今天上网的法币成本是10元，明天变成了30元，后天又变成了5元，这种价格的剧烈波动会导致用户逐步放弃这个平台。

不论是升值预期还是贬值预期，必须有一个"锚"来稳定币值。

为了缓解以太币这种燃料通证的价格波动，以太坊内置了一个名为"gas"的单位。这其实是一种衍生出来的稳定型代币，用来化解燃料币价格波动所带来的负面影响。

实践中，不少代币都是通过法币进行锚定。

gas 的微妙之处在于，它能化解市场上以太币的价格波动对使用以太坊的"上机费"所产生的影响。简单地说，以太币和 gas 之间的价格是负相关的，假如以太币的价格涨了，系统就实时把 gas 的价格降下来。这样就能保证消耗燃料的法币成本是基本稳定的。

以太币和 gas 价格机制的设计，对以太坊经济系统有很好的调节功能，解决了比特币手续费无限制膨胀的问题。

在以太坊这个生态系统中，有许多计算机组成的节点负责进行各种智能合约的计算，也就是"挖矿"。

在以太坊之上，会搭建各种各样的应用（Dapp），而这些应用在执行各种任务、提供各种服务时，需要调用以太坊底层的算力来执行智能合约。这些提供算力服务的节点（矿工）并不是志愿者，而是要收取报酬的，这个报酬就是以太币。

在以太坊上搭建的应用越多，那些自然应用所调用的资源也就越多，需要支付的以太币也就越多，从而必然会造成以太币需求越来越大，使得在市场上流通的以太币价格越来越高。随着投机氛围越来越浓，这种代币的价格往往又会过山车般滑落。

以太坊从诞生到现在，一直在跟跟跄跄地前行。

2016 年 4 月，布特林卖出手上持有的 1/4 以太币，引起了一些人的质疑。而他本人则回应称，这是理财上很合理的分散风险。

Steemit 的"脑力证明机制"

Steemit 是一个社区，也可以说是一个基于区块链的内容社交平台。

Steemit 有两位创始人。一位是首席执行官内德·斯科特

第 5 章　通证经济
——加密经济学与人类行为

（Ned Scott），曾在盖勒特环球集团担任业务运营及财务分析师，在 2016 年 1 月创立了 Steemit。

另一位联合创始人丹尼尔·拉里默（Daniel Larimer），是一位连续创业者，既是比特股（Bitshares）的创始人，也是 EOS 的创始人，还是网上非常有名的"Byte Master"，简称 BM。BM 担任了 Steemit 公司的首席技术官。

Steemit 的经济系统复杂而精妙，值得作为通证经济的一个典型例子深入剖析。

如果说比特币的经济模型是一种工作量证明 PoW 机制，那么 Steemit 就是一种脑力证明 PoB（Proof of Brain）机制。正如 Steemit 网站首页上写的："妙笔生金：你的思想是有价值的。赶快加入发表文章获得赏金的社区。"

用基础型代币激活社区

Steemit 社区运行在一个名为 Steem 的区块链程序上，用一种名为 Steem 的代币来奖励内容生产者。

Steemit 用区块链技术来生产自己的代币，在该平台上投票和发表文章均会获得这种名为 Steem 的代币奖励。

可以将 Steem 理解为 Steemit 社区的"基础货币"，是随时可以拿到二级市场去交易变现的。

Steemit 生成自己的代币的机制，不是基于算力和电力的"挖矿"，而是基于内容创作者"脑力"的贡献——评分通过社区用户的评论和投票产生。那些贡献优质内容的人，文章越受欢迎,越能获得越多的奖励。

说白了,就是奖励优质内容创作者以积分。这种激励机制为社区吸引了大量的人气。

目前,Steemit 涵盖了生活、艺术、摄影、旅行、新闻等方面的内容。使用基于区块链的技术已运行,在内容产出领域提出了一种创新的激励模式。

在 Steemit 的激励机制里,要提高内容的收益,就要想办法让自己发布的内容获得更多的点赞与转发。

同时,Steemit 还会奖励内容转发者。比如你第一个发现优质的内容并且转发出去,你也会获得更多比重的奖励。

点个赞、转发一下就能"赚钱",这显然可以提高社区活跃度:用户越活跃,收益越大;收益越大,用户就更活跃。与之相对的,是某些社交平台上,某些"大V"有上百万名"粉丝",但发一条内容只能收获十几条评论。这样的"限流"机制,难免令人心灰意冷。

相对于中心化社交媒体平台,Steemit 社区的最大特点在于,它信奉"money talks"(金钱万能)——可以用"钱"(代币)激活一个社区的生态。

用稳定型代币留人

一般的通证经济系统只发行一种代币,如比特币。

复杂一些的会发行两种代币,如以太坊,还会发行一种"燃料币"(Gas)。

第5章 通证经济
——加密经济学与人类行为

但 Steemit 同时运行 4 种代币：Steem 、Steem Dollar、Steem Power 外加一个声誉系统。

Steemit 每分钟会产生 800 个 Steem 代币。

然而，Steem 一开始就被设计为一种通胀型代币。以目前每年 9% 的通胀率算，如果通胀的 Steem 全都流入市场，其市场价格将严重缩水。

出于用户激励与生态稳定的考量，Steemit 又设计了一种价值稳定型代币，名为 Steem Dollar。

价值稳定型代币可以这样定义：一种在区块链经济系统内部的激励机制，以鼓励"期望的财产"在未来继续持有。

Steem Dollar（简称 SMD），是一种价值稳定型代币，相当于 Steem 代币的一个债券、一个价值稳定器，可以对冲持有者手里的 Steem 贬值的风险。Steemit 社区承诺：1 个 Steem Dollar 可以恒定地转换为价值 1 美元法币的 Steem。

当用户持有 Steem Dollar 时，可以随时用手上的 Steem Dollar 换取价值 1 美元法币的 Steem。

当用户将手中的部分 Steem 转化成 Steem Dollar，则相当于 Steem 区块链系统收回了一些 Steem 代币，从而可以减轻这种代币贬值的压力。

这样，无论 Steem 代币在二级市场如何涨跌，对用户来说都基本没什么影响了，只需把注意力放在贡献优质内容上就可以了。

用特权型代币管理

权力对人的吸引力,并不亚于金钱。

哪怕是在一个虚拟的社区里,权力只是一种游戏,其诱惑同样令游戏者心驰神往。布特林曾这样定义特权型代币:一种赋予参与者决策权的激励方式,并且这种决策权可以获得收益。

所以,Steemit 还设计了一种能赋予"特权"的代币,名为 Steem Power(简称 SP)。它是衡量一个人在 Steemit 社区影响力大小的一种货币。

一个人拥有的 SP 越多,他就越能够影响别人的文章价值。一个高 SP 者给你点赞或评论,会使你的文章被赋予更多的价值和权重。

比如,Steemit 产生出来的 Steem 代币,有 75% 奖励给内容创作者,15% 奖励给 SP 持有者,10% 奖励给见证人(发现者)。

SP 的持有者,其权限类似于 Steemit 社区的股东和管理层。

SP 也是一种忠诚度证明,拥有更多的 SP,就会拥有更多的特权(影响力)。所以,SP 变现比较麻烦。大约需要 3 个月才能完全兑换成 Steem,然后再用 Steem 去二级市场交易,兑换成法币。

这样设计的目的有两个:一是强化对社区的忠诚度;二

第 5 章 通证经济
——加密经济学与人类行为

是缓解 Steem 代币的通胀压力。

Steem 是一个典型的 DPoS 区块链项目,选择将新发行的 90% 的通证都奖励给潜在特权型通证持有者,而只将一小部分新发行通证授予矿工。

在 Steem 的白皮书中,项目方特别强调,一旦购买了 Steem,应转换为 SP 或 SMD,以消除通货膨胀的影响。

这种模型的设计也充满了争议,因为在一个代币驱动的社区里,财富的集中效应是非常突出的,最终会导致权益分布的两极分化。

用声誉型代币约束

特权型代币的设计,从积极的方面讲,有利于实现社区的自我管理与分布式自治。一名特权型代币的拥有者,与社区的利益是一致的,因此他会有充分的动机促进社区的繁荣,可以通过点赞、转发等形式赋予优质内容更高的权重,将劣质内容"沉下去"。

然而,权力型代币这一设计也有可能成为制约 Steemit 发展的一个瓶颈。

区块链是一台事实机器,却无法改变人性的弱点,你难以阻止有人利用自己手中的权力去腐败、作弊。在某种程度上,社区又是一块公共地,也会发生"公地悲剧"。比如,一个团队可以注册两个账号,一个账号手握大量权力型代币,另一个账号发布大量平庸内容。然后,手握大权的账号大量转发另一个账号发布的平庸内容。而判断一篇文章内容的优劣具有一定的主观性，所以也不容易判断这个账号作弊了。这对真正贡献优质内容的创作者是不公平的。

作为区块链世界的一个实验性产品，Steemit 社区一直在进化中。为此，Steemit 推出了一种声誉系统——这本质上也是一种代币——通过这个声誉系统，可以制约上述弊端。

Steemit 的通证经济系统并非首创，它明显借鉴了网络游戏中的代币通胀与回笼机制。

尽管 Steemit 仍然存在着有待改进之处，但它代表了一种趋势。将来很可能会出现类似的平台，成为颠覆知乎、Quora 甚至 Facebook 的"新物种"。

第6章 智能合约
——智能化可编程经济形态

权利的相互转让就是人们所谓的契约。

——托马斯·霍布斯（Thomas Hobbes）

（智能合约）相关的经济目标包括降低因诈骗而导致的损失、仲裁和执行成本以及其他交易成本。

——尼克·萨博

罗纳德·科斯（Ronald H. Coase）认为，在公司内部签约的成本，要比在外部市场签约的成本低。降低交易费用，是公司存在的意义。公司实质上是为创建长期合约而设的媒介。比如，公司长期雇用员工，就是为了降低每隔一小段时间就与员工签订一份劳务外包协议的成本。法庭是处理合约纠纷的一种机制，但是它的成本极高，且耗费时间。

媒体之所以把以太坊称为区块链2.0，关键在于它可以支持智能合约（Smart Contract）。而比特币在这方面存在短板。

所谓智能合约，就是一种智能契约，它是由密码学系统理论家尼克·萨博首先提出的。智能合约是一段计算机代码及指令，用于根据预先设定的合约条件来执行交易。简而言之，就是给代币加上一段脚本，使之可以被准确执行。而所谓脚本，其实就是一种比较简单的计算机语言。

第6章 智能合约
——智能化可编程经济形态

智能合约是程序,它们将条件和结果写成了代码。这些代码事先获得了合同参与方的一致同意,而且代码必须由诚实的中立系统执行。

这意味着,区块链这种加密账本可以与智能契约合二为一了。这种结合可以做很多事情,这意味着区块链不仅仅是一个价值互联网,也可以是一个"契约互联网"。

区块链智能合约不仅能消除中介成本,还能极大地降低交易成本,将公司变成网络,将经济权力分散,最终促进市场的繁荣。

尼克·萨博,神似中本聪的人

中本聪(Satoshi Nakamoto),日本媒体常译作中本哲史。2009年年初,有人用"中本聪"这个网名发布了比特币系统,同时还通过电子邮件与网友互相沟通,但却从不露面。到2011年,中本聪逐渐淡出密码朋克这个圈子,"神隐"了。

通才萨博

在人们寻找中本聪的过程中,大部分有说服力的证据都指向了尼克·萨博。

萨博是一名留着络腮胡的匈牙利裔美国人,他公开的社会身份是一名曾就职于华盛顿大学的教授,同时,他还是密码朋克的重要成员之一。

萨博这个名字是匈牙利人常用的名字。第二次世界大战期间，乔治·索罗斯的父亲办假身份证逃往美国的时候，用的名字就是萨博。

萨博并不是媒体记者写的那种和中本聪一样神秘的极客，事实上，他也是一位行为经济学家。

克里斯·安德森（Chris Anderson）早在 2009 年出版的畅销书《免费》里，就引用了萨博创造的"心智交易成本"（Mental Transaction Costs）的概念。

20 世纪 80 年代后期，密码学家大卫·乔姆周游世界之后，在荷兰的阿姆斯特丹创立了数字现金（DigiCash）。萨博曾在这家公司工作过一段时间。这段经历让萨博明白，受信第三方才是加密货币的命门。

早在 1998 年，比特币诞生前，萨博就提出过类似比特币的概念，并命名为"比特金"（Bit Gold）。为此，萨博还写了一篇专门的论文。这与中本聪发布"白皮书"的行为也非常相似。

需要注意的是，比特币与比特金都体现了对金本位的模仿，其经济模型是一致的。比特币与比特金使用的都是类似的高等数学和密码学工具，同样实现了许多相同的目标。

比特金尽管没有成功，却为比特币技术打下了基础。因此，萨博被认为是最可能是中本聪的人。但他本人极力否认自己就是中本聪。

第6章 智能合约
——智能化可编程经济形态

退一步讲,就算萨博不是中本聪,他也是中本聪的"精神导师",而比特币不过是比特金的迭代版本。

智能合约之父

智能合约的思想可以追溯到1994年,几乎与互联网同时出现。1996年,萨博正式提出了"智能合约"这一术语。

尼克·萨博对智能合约的定义是:"一个智能合约是一套以数字形式定义的承诺(Promises),包括合约参与方可以在上面执行这些承诺的协议。"

最常见的场景是,如果满足特定的条件,它会把钱从某甲那里汇给某乙。比如,如果有人在收听一首歌曲,这笔钱则会从流媒体机构自动支付给歌手。

多年后,"智能合约"成为以太坊区块链协议的核心"特性",并由此拓展了互联网商务的全新模式。为了铭记萨博的贡献,以太币有一个货币单位就叫"萨博"。

萨博用一个典型的比喻来描述智能合约:可以把它看成由代码编写并且能够自动运行的自动贩卖机。智能合约最简单的形式就是自动售卖机。两者的道理是一样的:用自动售卖机卖东西,只要放入钱,选择商品,商品就会自动掉出,如果操作相同,结果就相同;而智能合约只要有预先设定好的代码,就会一直按照代码来执行,如果代码相同,执行结果就相同。

不同于人的行为,一台自动售卖机的行为是可以计算的,相同的指令行为总是会得到相同的结果：当你往自动售卖机中塞入一些钱并做出选择后，你选择的物品就会掉出。

传统意义上的合约，就是双方或者多方共同协议做或者不做某事来换取某些东西。合同中的每一方必须信任彼此会履行义务。智能合约的特点是，同样是彼此之间同意做或者不做某事，但是无须再信任彼此。这是因为智能合约不仅是由代码进行定义的，也是由代码（强制）执行的，完全自动且无法干预。

在商业领域，很多问题的执行依赖于信任，这使执行变得非常复杂，而智能合约降低了信任成本。

图灵完备的智能合约平台

在 2010 年的通信中，中本聪预言了"智能合约"的雏形。中本聪设想，不仅用户可以将货币从 A 方转移到 B 方，还能够对货币来进行编程来设置各种功能。

这启发了维塔利克·布特林，并促成了以太坊的产生。

布特林意识到，区块链行业的竞争只会越来越激烈，留给他的机会窗口就要关上了。因此，他选择从滑铁卢大学休学，冒险一搏，如果失败了，就继续回学校念书。

2014 年 1 月，19 岁的布特林在北美比特币会议上宣布了搭建以太坊的消息。以太坊旨在提供一个图灵完备脚本语言和图灵完备平台。图灵完备（Turing Complete）是指具有很

第6章 智能合约
——智能化可编程经济形态

大的灵活性,让人们可以编写的各种各样的程序。这就好比智能手机可以实现各种各样的功能。

布特林希望打造一个为去中心化应用程序而设计的"安卓系统"。这是一个开放的平台,在上面人们可以设计任何新型应用程序。

以太坊是一个平台和编程语言用来构建和发布分布式应用。更重要的是,它试图成为一台可以运行任何脚本或数字货币项目的图灵完备虚拟机。

现在,这个全球都能访问的去中心化超级计算机已经在开始运行,尽管还不是太稳定。

智能合约——区块链经济2.0

合约观念早在古罗马时期就已经产生,罗马法最早概括和反映了契约自由的原则。

资本主义在西方兴起,与契约精神是分不开的。马克斯·韦伯(Max Weber)的《新教伦理与资本主义精神》认为基督新教孕育了商业资本主义精神。

在"旧约时代",上帝与人类共签约八次,基督教通过"约"将"人性"与"神性"相结合。

有历史学者认为,契约关系可以形成大范围的共识,降低贸易成本。这种共识可以超越同乡关系、宗族关系、信仰关系等。因此,合约可以增强人类社会的可扩展性。

契约精神实质上就是利用合同关系来束缚人性，将人的贪婪、懒惰加以控制；而同时，这也保证了交易得以顺畅、安全、健康的进行，避开了很多"人性"上的干扰。现代经济就是由无数契约构成的。

1937年，科斯发表了《企业的性质》(The Nature of the Firm) 一文。他提出市场和企业是两种可以相互替代的配置资源的手段。科斯从交易费用的角度解释了企业起源的问题，认为当用企业组织交易的费用小于用市场组织交易的费用时，企业就出现了。经济学家张五常先生是科斯的老朋友，他认为，市场就是一种合约关系，企业也是合约安排的一种形式，而企业替代市场，不过是"一种合约代替了另一种合约"。

区块链之所以被认为是一种颠覆性的技术，主要就是因为在区块链上能够实现智能合约。智能合约是能够自动执行合约条款的计算机程序，这些程序可以节省很多来自律师和银行的成本。

智能合约可以通过计算机程序与真实世界的资产进行交互。当一个预先编好的条件被触发时，智能合约便执行相应的合同条款。

假设"如果祖母去世，孙子在结婚后才可以继承其遗产"是一个智能遗嘱。这个智能合约需要到未来某个事件发生或者未来某个时间点被触发才能执行。第一个条件是祖母去世，系统首先会扫描一份在线死亡数据库证明祖母已经去

第6章 智能合约
——智能化可编程经济形态

世;第二个条件是孙子到法定婚龄且结婚,当智能合约确认祖母的死亡信息后,程序会设定一个交易日期,一旦通过在线数据库扫描到孙子的出生日期与结婚证明,就会自动发送祖母的遗产到孙子名下。

用智能合约管理遗嘱是一种理想化的应用场景。这里有一个隐含的前提,即所有资产都是数字资产,用智能合约可以自动执行。

智能合约更大的问题在于监管,只有与目前的法律系统相协调,才能让智能合约真正落地。

智能合约的应用场景很多。比如,一辆汽车或者一所房屋的智能门锁,可以被链接到物联网上,通过智能合约来打开,转让它的使用权。这将迎来真正的分享经济。

智能财产与分享经济

尼克·萨博在他1994年的论文中已经提到了"智能财产"的概念。

萨博写道:"智能财产可能以将智能合约内置到物理实体的方式被创造出来。"萨博举的一个例子是汽车贷款,如果贷款者不还款,智能合约将自动收回发动汽车的数字钥匙,汽车将被自动锁定。毫无疑问,智能合约的这种用途对汽车经销商很有吸引力。

智能合约不仅能颠覆现有的商业模式,也能够完善现有的商业模式。

当人们讨论"共享经济"时,通常会把 Uber(优步)、Airbnb(爱彼迎)、滴滴、摩拜等作为典范,吊诡的是,这些商业模式其实与"共享"的关系不是太大。大多数所谓的"分享经济"公司,实际上是服务的聚合者。它们通过一个中心化的平台,将闲置资源,如汽车、设备、空闲房间等聚集在一起,并转卖这些资源,同时收集参与者宝贵的数据,以用于将来的商业目的。

哈佛大学教授尤查·本科勒(Yochai Benkler)认为:"将 Uber 称为分享经济的说法是荒谬的。Uber 使用移动技术创造了一种业务,降低了顾客所需的交通服务的成本。这已经是 Uber 所做的一切了。"

于是,有人提出,能不能做一个基于区块链的网约车软件?

区块链技术能为网约车的司机们带来一种免受平台盘剥的福音。尤查·本科勒写道:"区块链能将人们一起工作的意愿转换到用于记录权利、资产、契约、贡献、使用等事项的可靠的账本中,这样的做法取代了 Uber 这样的公司所做的某些事情。这样,如果司机们想创立属于他们自己的 Uber 并用一个纯粹的协作组织取代 Uber,区块链让这成为可能。"

尤查·本科勒教授之所以强调"让这成为可能",是因为这个在技术上实现并不难,难的是如何设计一个科学的激

第6章 智能合约
——智能化可编程经济形态

励机制才能做得起来。这也是区块链经济学所要研究的问题。

此外,需要考虑的问题还有采用公链还是私有链,要不要发代币,如何与监管政策相适应等。

彩票——呼之欲出的区块链应用

彩票,也称福利彩票,英文为"lottery ticket"。

彩票的产生可以追溯到 2000 多年前的古罗马时代。那时,人们用彩票进行抽奖,最初仅是一种博彩性的娱乐活动。

发行彩票集资可以说是现代彩票的共同目的。各国、各地区的集资目的多种多样,其中社会福利、公共卫生、教育、体育、文化是主要目标。以合法形式和公平原则重新分配社会的闲散资金,协调社会的矛盾和关系,使彩票具有了一种特殊的地位和价值。

彩票具有代币的一些属性。它是一种以筹集资金为目的发行的,印有号码、图形、文字、面值的,由购买人自愿按一定规则购买并确定是否获取奖励的凭证。

我国的公益彩票从一开始就是为了筹集社会福利资金、弥补民政经费不足、建设社会福利事业而设的,公益性、慈善性是福利彩票的根本属性。数据显示,2017 年我国彩票销售收入超 4000 亿元,其中福利彩票达 2100 多亿元。

近年来,多名主管福利彩票的领导干部接连被查,确实让外界看到了民政部不遮掩、不护短,敢于刀刃向内,"有腐必反、除恶务尽"的坚决态度。

但很多彩民依然觉得彩票的信任问题很严重，所以很多人买体育彩票而不买福利彩票，因为体彩的比赛结果就摆在那里，无法作弊。

信任是公益彩票行业的基石。智能合约最好的应用场景应该是彩票行业，因为区块链有可能解决彩票行业透明度不高的痛点。

目前，高级的智能合约还比较难以实现，与智能合约有关的应用大多是预测。设想一个简单的智能合约应用场景：2个人打赌一场球赛的结果，代币会暂时保存到网络，待球赛结束后，网络中预先设定的智能合约会在线校验结果，然后把奖金打入赢家的账户。

区块链具有去中心化、不可篡改、交易成本低、安全透明等特点。如果有了基于区块链的解决方案，彩票将重拾公信力。

特别是基于区块链的彩票开奖程序是开源的，不会留后门之类的作弊机制，方便用户监督，即使是彩票发行方，也无法事先预知或设定开奖结果。也就是说，基于这种架构的系统因将数据发放到参与者手里而提升了系统的公正性，使得所有积极的参与者都能因为可以获取数据而做到全面监督，监管公证机构也可以更好地做到监督，从而克服了传统彩票中心化、不透明、不明确等弊端。

第6章 智能合约
——智能化可编程经济形态

《国家彩票》杂志微信公众号就区块链技术和彩票行业的应用曾经发布过一篇文章。其作者认为,作为非银行类的金融领域,彩票领域很显然是区块链技术可以大展拳脚的行业,并具体从数据封存、新游戏研发和技术体系进化三个方面说明了如何运用这一技术。

随着区块链技术越来越成熟,应用会越来越广泛。如果开发国家级的区块链彩票底层系统,在严格的监管之下运行,相信会有更多的彩民积极参与。

第7章 智能社群
——群体智慧与分布式自律

区块链是一个貌似平凡的过程,但是有潜力改变人们和企业之间互相协作的方式。

——《经济学人》

如果人类要保持文明的状态或者进入文明的状态,相互联合的艺术必须得到提高与加强。

——托克维尔(Tocqueville)

一滴水，不足以形成海啸；一粒沙，不足以形成沙崩；一只蜜蜂，无法形成喧嚣的风暴。

然而，当个体数量达到一定程度，形成一个群体时，就会涌现（Emergent Properties）出个体没有的属性。比如成千上万条小鱼如一头巨兽游动，如同一个整体，似乎受到不可控制的共同命运的约束。

这是凯文·凯利在《失控》一书中用"群氓的智慧"来表达的一种认识。

"氓"本身是一个中性词。氓，民也。群氓，就是民众的意思。

一个人，就算天纵英才也无法造时势，但他能连接的人多了，就会被赋予更大的能量。群氓可以创造历史，不仅仅是因为它是一个超级有机体，更重要的是，它是智慧的集合体。

第7章 智能社群
——群体智慧与分布式自律

如果说互联网是一个连接万物的机器，可以从信息层面把人们连接起来，区块链则是一个赋能万物的机器，可以把人从价值层面连接起来，成为一个可以进行大规模、高精度合作的智慧有机体。

历史上曾经有一种人类，叫作尼安德特人，他们的智商很可能比智人更高，体格也比智人更大，就单打独斗而言，比智人更加强悍。

然而，出于某种偶然或必然的原因，智人学会了更大规模的合作，并因为合作秩序的扩展而在生存竞争中胜出。

所以，从这个意义上讲，是合作创造了人类。

分布式管理的真义

当一堆平凡的事物汇聚在一起的时候，就会从量变到质变，涌现全新的事物和现象。

比如蜜蜂，每一只蜜蜂的智商都不高，但是它们一旦组成了蜂群，却体现出极高的智能水平，这就是"涌现"。

古老的分布式自我管理

蜂群由谁统治，由谁发布命令，由谁预见未来？

研究发现，虽然蜂群有"蜂后"，但蜂后并不是指挥者。也就是说，蜂群并不是一个中心化组织。

那么，蜂群是如何实现自我治理的呢？凯文·凯利这样

区块链经济学
激励、监管与分布式赋能

描述：

当蜂群从蜂巢前面狭小的出口涌出时，蜂后只能跟着。蜂后的女儿负责选择蜂群应该在何时何地安顿下来。五六只无名工蜂在前方侦察，核查可能安置蜂巢的树洞和墙洞。它们回来后，用约定的舞蹈向休息的蜂群报告。

在报告中，侦察员的舞蹈越复杂，说明它主张使用的地点越好。接着，一些头目们根据舞蹈的复杂程度核查几个备选地点，并以加入侦察员一起舞蹈的方式表示同意。这就引导更多跟风者前往占上风的候选地点视察，回来之后再加入看法一致的侦察员的舞蹈，表达自己的选择。

除侦查员外，极少有蜜蜂会去探查多个地点。蜜蜂看到一条信息："去那儿，那是个好地方。"它们去看过之后回来舞蹈说："是的，真是个好地方。"通过这种重复强调，所属意的地点吸引了更多的探访者，由此又有更多的探访者加入进来。按照收益递增的法则，得票越多，反对越少。渐渐地，以滚雪球的方式形成一个大的群舞，成为舞曲终章的主宰。最大的蜂群获胜。

蜂群的这种民主治理方式非常高明。这是民主制度的精髓，是彻底的分布式管理。

研究过蚂蚁觅食过程的人，都会惊叹于蚁群的智慧：每个蚂蚁单独行动，搜集食物的信息，再汇集到一起不断调整

第7章 智能社群
——群体智慧与分布式自律

路径,直到形成一条最优路径。在这个过程中,没有任何的中央控制。

自律与管理的仿生学

那么,人类,万物之灵长,能不能向蚂蚁、蜜蜂学习,构造下一代网络系统?或许,未来区块链技术会将所有的人与机器连接,通过区块链代币的投票、智能合约的执行,实现分布式自律与管理。这其实是一种管理上的仿生学。

有人说,群众的智慧还不如个人的智慧。难道人群还不如蜂群效率高?

人群真的不如蜂群吗?非也。

有人做了这样几个实验:请来将近5000人对半开坐在一个大剧场里,每个人手上都有一个传感器。大荧幕上投放一个乒乓球的游戏,2500人为一组,共同控制一个球拍,双方打乒乓球。人们发现,球拍有的时候会按照自己的个人意志行动,但有的时候不会。很快人们适应了这种玩法,这5000人进行了一场欢乐的乒乓球赛。实验者接着把难度调高,让5000人共同驾驶一架虚拟飞机,每个人都有权决定飞机的飞行轨迹和方向。这时,群体智慧在飞机降落的时候似乎变成了不利因素,飞机几次降落都无法成功,最后在一个不可思议的时刻,5000人共同指挥这架飞机做了一个360°的大转弯。

古斯塔夫·勒庞（Gustave Le Bon）的《乌合之众》是一本写于100多年前的、缺乏科学性的偏激之书。然而，正是这样一本不够严谨的畅销书，仍反映了部分事实。比如："群体感情的狂暴，尤其是在异质性群体中间，会因责任感的彻底消失而强化。"又如："群体不善推理，却急于行动。"

不妨暂时放下愤世嫉俗的抨击，让我们思考，所谓的乌合之众的缺陷在哪里，潜力又在哪里？

预测市场与预言机

杰克·特雷诺（Jack Treynor）教授是资产定价模型的发明者之一。

特雷诺说，股市大多数时候能够正确定价，不是因为市场中有人特别聪明能够发现价格，而是因为市场中的人都独立地分别做错误定价，这些错误定价的合力形成了一个最为准确的价格。

杰克·特雷诺曾进行了一项持续多年的简单实验：在一个玻璃瓶里装满巧克力豆（超过目测能力的数量），然后请一群人来猜测巧克力豆的数量，记录每个人的答案、群体的平均数与真实正确数字之间的关系。

有一次，杰克·特雷诺在课堂上用一个能装850个巧克力豆的瓶子做实验，该团体估计这个瓶子能装871个巧克力豆，而班上56名学生中只有一人的猜测接近实际数字。

第7章 智能社群
——群体智慧与分布式自律

通过反复实验,他得出两个结论:

第一,团体成员之间不能商量和交流,猜测时"单打独斗",汇总结果后再取平均值,最有可能得到完美的结果。

第二,团体的猜测结果并不是每次都要好于团体中每个成员的猜测结果。特别是在做得好会给予奖励的情况下,这赋予人们积极参与的理由。但是,在这些研究中,没有迹象表明某些人始终表现得比团体出色。换句话说,在这个实验中,人群中涌现的群体智慧超过了个体智慧。

如果通过一种机制,赋予群氓以"魂",那么群体的智慧将会远远大于个体,否则就是乌合之众、一盘散沙。

自古以来,缄默都是一种美德,它可以让智者更加神秘,也可以帮助愚者藏拙。

互联网的兴起,让人们进入了一个言论自由的世界,一个人人皆可成名15分钟的世界。

互联网言论市场的竞争,不是基于理性,而是基于其传染性。各种哗众取宠的、噱头的、洗脑式的言论走俏,掩盖了真正有价值的理性。

古人为了让信口雌黄者住口,发明了打赌——你错了,就要为你的错误埋单,否则就闭嘴。

预测市场,一个很有价值的决策工具

人群不但能涌现出智慧,还能涌现出愚蠢。

人群的效率有时候还不如蜂群,而智慧无法叠加的关键原因在于，人群中总是充满了不需要负责、自以为是、信口雌黄之辈。

比如，曾有些财经界的"网红"一直预言房价将要暴跌，还有些则一直预言股市将会涨。这样的"空军司令"或"多军司令"会误导很多人。

如果有一种"预测市场"，你可以看空或看多，但必须押一笔钱来打赌，预测错了，钱要奖励给赢家，否则你的言论就是一派胡言，相信这种信口开河的专家发言时会慎重得多。

现在很多专家因为喜欢出惊人之语，就算说错了，甚至误导了高层决策，最后也没有追溯惩罚。如果能让胡诌者"纳税"，那么就会少一些"黑嘴""歪嘴"，人们就会更加认真思考，即使是"乌合之众"也可以涌现出奇迹。

要想激发个体智慧与行动，就必须建立激励与惩罚机制。因此，要设计一个好的互动系统，就必须研究人们对社会报偿的需求，并给予充分的满足。

詹姆斯·索罗维基（James Surowiecki）在其畅销的作品《群体智慧》中将群体智慧理解为：一个由独立的个体所组成的大群体能够做出好的预测，并且能够比群体中最聪明的个体更加聪明。

群众的智慧是无穷的，群体智慧的巨大潜能也推动了预测市场（Prediction Market）的发展。

第 7 章　智能社群
——群体智慧与分布式自律

预测市场说白了就是打赌市场，但它不同于赌博。它相当于为自己选择了一只股票，说对了会有奖励，说错了会有罚金。赌博讲究买定离手，但预测市场和股市一样，如果你觉得买错了，可以抛掉手里这一只股票，转而选择"对手盘"那一只。

对于试图为前期规划寻找思路的管理层来说，它是一个很好的决策工具，是不同于焦点小组访谈、问卷调查的预测手段。

随着智能合约技术的发展，将会出现符合监管法规的"预测市场"的区块链项目。这种项目存在的意义在于，通过打赌这一小小的举措，让人们为自己预测负责，从而释放群体智慧（Crowd Intelligence）。

预测市场，其实是一种抉择机器

人生是由一系列的选择构成的。

人在一辈子中大约要做 20000000 次选择。向左走还是向右走？股票抛还是不抛？独身还是结婚，和谁结婚？

对一家公司也是，哪款产品会畅销？价格多少合适？最关键的市场调研，基本都是在做选择。

但是，为什么很多公司的头脑风暴会失败呢？因为这种交流太廉价，在几乎不付出成本的情况下，人群的相互交流会被相互干扰。

比如某乙崇拜某甲，就算明知某甲的意见不妥，也会随声附和；又或者某"意见领袖"气场强大，又故出惊人之语，很容易对其他人"洗脑"。

谷歌公司曾经大量运用内部预测平台进行实验，以评估新产品获得成功的概率。谷歌在自己的内网上使用了一种名为"gooble"的代币，员工可以用其对各种不同结果下注。为了鼓励员工参与，谷歌会向预测最准确的员工发一笔现金或其他奖品。谷歌通过这类实验，意外地发现了一条规律，那就是工位毗邻的员工倾向于做出非常相似的预测。

最早的预测市场是1988年爱荷华大学商学院经营的爱荷华电子市场（Iowa Electronic Markets，IEM）。在该市场中，参与者可以投入一定数量的金钱，交易标的是未来事件的结果，例如谁将当选下一任美国总统。IEM 由旨在预测选举结果的许多市场构成：总统选举、国会选举、地方行政长官选举和外国选举。

IEM 向任何想参与的人开放，基于参与者认为一位特定的候选人在即将开始的选举中会怎么做而允许他们买卖"期约"（Contract）。

在 IEM 提供许多不同种类的期约中，最出名的一种就是预测选举获胜者。例如 2003 年加利福尼亚州州长选举这一案例，你可能会选"施瓦辛格会赢"这一期约。那么当施瓦辛格获胜时，就会付给你 1 美元；倘若他落选了，你就什么也得不到。

第7章 智能社群
——群体智慧与分布式自律

为这种期约付出的代价反映出市场对候选人获胜概率的判断。如果候选人的期约价值为 50 美分，这意味着市场认为他有 50% 的获胜概率；如果这份期约的价值为 80 美分，那么他的获胜概率就为 80%，以此类推。

该预测市场自从建立以来，非常准确地预测了每次美国总统选举的结果。其预测的准确度要远高于最流行的民意测验，也远好于政治评论专家的预测。

IEM 的成功引发了人们在其他领域进行实验的兴趣，20 世纪 90 年代出现了很多基于金融盈利需求的预测市场项目。比如好莱坞股票交易所（HSX），人们开始对票房收入、周末票房表现和奥斯卡奖等下赌注。但是，HSX 的票房预测不如 IEM 对选举结果预测得那样精确。需要指出的是，IEM 是用真金白银打赌，投资数额是 500 美元封顶，而人们的平均投注额为 50 美元；但 HSX 则完全用虚拟资金投注。

预测市场通过市场化规则，将大众知识和直觉经验转化为具有社会学意义的群体智慧。预测市场的预测效果不亚于传统专家预测及民意调查等方式。

现代预测市场之父

罗宾·汉森（Robin Hanson）是以太坊创始人布特林十分推崇的一位经济学教授，他被称为"现代预测市场之父"。汉森认为预测市场可以扩展我们的信息渠道。

自 1988 年以来，汉森开创了预测市场，又称信息市场或概念期货。预测市场这个概念的形成，部分是受当时流行的金融学理论"有效市场假设"的启发。

汉森的预测市场这项学术成果，并不是以经济学家们熟悉的论文或著作形式呈现的，而是一项从1988年就开始的实验，至今已有30年历史。这个名为"预测市场"的实验项目通过博彩的形式，引导网民对将要发生的事情进行预测。由于社会行为往往是自我实现的，因此通过加总这些预测行为，就可以在一定程度上达到预测未来的效果。

比如，要预测希拉里和特朗普谁能当选总统，预测市场会发行两种代币，一种叫希拉里币，另一种叫特朗普币。你看好谁，就买哪种币。

预测市场是对股市的临摹。一方面，购买会拉动币价，对于某些标的物，这本身就是一种干扰。比如某位选民原先就在特朗普和希拉里之间犹豫不决，一看希拉里币的价位高涨，觉得她人气高，很可能就顺手投给了希拉里。另一方面，如果某人掌握一些内部信息，就会利用信息优势在预测市场上牟利。当然，你也可以说这是"借助群体智慧"，利用这个市场化的平台，所有人相当于共同分享了内部信息。

预测市场可以吸引人们主动获取信息，通过交易分享信息，并将这些信息汇总为能够吸引更多受众的共识价格。因此，预测市场也就成了理想的信息渠道。

预测市场的稳定发展离不开坚实的理论基础。作为计算

第 7 章 智能社群
——群体智慧与分布式自律

机科学、管理科学、社会科学和心理学等交叉学科的新兴产物,其实践直接来源于经济金融理论,主要包括哈耶克假说、金融市场有效性假设(EHM)、实验经济学假说和理性预期理论。

作为最先论述在市场无数投资环境下运用决策可能性的人士之一,汉森建议预测市场可以用于指导科学研究,甚至作为一种帮助政府选择政策的工具。

2008 年,美国乔治梅森大学授予汉森经济学终身教授的职位。得益于该教职所享有的自由研究时间,汉森的研究兴趣十分广泛。他发表的论文选题包括空间产品竞争、健康激励合同、团体保险、产品禁令、进化心理学与卫生保健伦理学、选民信息激励政策、贝叶斯分类、赞同与反对、分歧中的自我欺骗、概率启发、可逆计算、长期经济增长、机器智能带来的增长等。

预言机,分布式事实裁判机

"预言机"(Oracle Machine)这个概念,其实翻译为"谕示机"更容易理解一些。

20 世纪 90 年代,尼克·萨博就已经指出了"自动售卖机"的智能合约。自动售卖机可以说是智能合约的鼻祖。

有了预言机以后,我们可以让智能合约变得更智能。就像一台自动售卖机,如果预言机说温度上升到 26 摄氏度就提供冷饮,降到 0 摄氏度就提供热饮。

从功能上来讲，预言机就是对各种不同的预测做出判定，也可以理解为一台裁判机。

比如，打赌希拉里当选总统，当大选结果出来后，这台"谕示机"会通过在白宫的官方网站上搜寻消息，从而做出裁决。

简言之，"谕示机"就是告诉大家到底是特朗普还是希拉里当选了美国总统的那台机器。

但问题来了，白宫官网发布的消息就一定完全准确吗？到底如何认定一个真实事件？

使用预言机就意味着从区块链之外获得数据。换句话说，预言机通过向智能合约提供数据来充当现实世界和区块链间的桥梁。

当然，预言机的用途不仅限于预测市场这种"智能合约"，几乎实施任何智能合约都需要有预言机。

智能社群——区块链经济 3.0

人终究是社会性动物。

人与人的联合方式的扩展，将会创造出更多的可能性与机遇。

1835年，法国人托克维尔在《论美国的民主》一书中，将新兴的美国形容为一个满是社区和协会的国家。美国人的这种社群意识，让托克维尔视为美国式民主制度下公民参与

第7章 智能社群
——群体智慧与分布式自律

的最佳样本。社群可以提升公民自律、自治精神,利于公民意识的形成。

150 定律

尼克·萨博曾多次强调一个概念,叫作"社会可扩展性"。

什么是可扩展性?打个比方,乐高积木就具有可扩展性——通过标准化的设计,可以把非常多的积木拼接在一起。

人类社会的可扩展性比较弱,这是因为我们人类自身的局限。

萨博写道:"认知能力——在这里以物种新皮层的相对大小的形式——限制灵长类群体的大小。维护动物或人类群体的亲密关系需要大量的情感沟通和关系投资,例如灵长类动物的闲聊、幽默、讲故事,以及其他传统人群中的对话、唱歌和游戏。"

人类的大脑皮层决定了人的意志的有限性。最初的人类合作存在一个极限数量——约 150 人。如果没有过去的制度和技术创新,能够共同参与一项努力的人通常最多不超过 150 人——这就是人类学里著名的"邓巴数字"。

罗宾·邓巴(Robin Dunbar)是英国牛津大学的一名人类学家,他研究了各种不同形态的原始社会,并发现在那些村落中的人都在 150 名左右。这个发现被称为 150 定律。

罗宾·邓巴是根据猴子的智力与社交网络推断出该定律

的。他认为,如果猴子的大脑皮层较大,它们的社会群体就会较大。经过对38组猴子进行计算研究,邓巴估计,人类处理社会关系的能力极致约为150人。

罗宾·邓巴通过考古发现,当一个原始部落的人口达到150人左右的时候,就意味着部落即将分裂。因为如果部落人口超过了150人,就已经超出了人类大脑管理幅度的极限。

现代人已经不在部落中生存,但仍未超越这个"带宽":罗宾让一些居住在大都市的人列出一张与其交往的所有人的名单,结果他们名单上的人数大约都在150人。

又如,你计划组织一个150人的聚会,你可以很容易记住大家的名字以及他们喜欢或不喜欢坐在谁旁边。但如果你要组织一个300人或500人的聚会,你很可能忘记很多名字,并弄不清他们落座的位置。

受"社会通路容量"制约,人类的大脑只能处理150人以内的群体关系,也就是说,当一个群体的活跃人数超过150人时,群体对成员的影响力就开始下降。

超越"邓巴数字"

从新石器时代的部落村庄到罗马帝国的小股部队,都是围绕着"邓巴数字"来进行组织的。当人们要与150个以上的人处理关系时,就会觉得越来越没效率。

但这并不能够证明"邓巴数字"不可超越。

通过互联网社交软件,我们已经证明了人类是可以突破

第 7 章　智能社群
——群体智慧与分布式自律

这个数字的,只是存在"强关系"和"弱关系"的区别。

在信息互联网时代,社交媒体的发明已经扩大了人们的社交范围。在价值互联网时代,区块链,尤其是公链,将进一步增强社会可扩展性。通过区块链这种价值网络,我们可以构建更大规模的强关系。

如果把智能货币(数字法币)视为区块链经济 1.0 版本,它对应于货币;把智能合约视为区块链经济 2.0 版本,它对应于契约;那么,什么才有资格成为区块链经济 3.0 呢?股份制公司对应于区块链上的分布式自治组织(DAO),而"智能社群"又是对公司的超越。

公司,现代社会的缔造者

CCTV 纪录片《公司的力量》对公司发展的历史进行了梳理,片中一个重要的观点就是"真正缔造了现代社会的是股份有限公司"。

哥伦比亚大学校长尼古拉斯·默里·巴特勒(Nicholas Murray Butler)曾经说过:"现代社会最伟大的发明就是有限责任公司!即使蒸汽机和电气的发明也略逊一筹。"

在很多人的偏见里,只有令人咂舌的"黑科技"才算是伟大的发明,公司怎么能称得上发明,而且是最伟大的发明呢?

类似这种偏见甚至在很多名人中也存在。彼得·蒂尔(Peter Thiel)说过这么一句话:"我们想要一辆会飞的汽车,得到的却是 140 个字符。"其实，你如果把微博这类平台视为一个社会连接器、一个基于"六度区隔"的信息连接器，它远比会飞的汽车酷多了，尽管技术实现上相对简单。人们通过微博表达了对社会问题的看法，群策群力，已经推动了很多社会问题的改善。

公司制度的发明极大地推动了人类社会的可扩展性。美国经济学家布拉德福特·德隆（Bradford DeLong）的研究表明，人类97%的财富是工业革命后的二三百年的时间里创造的。公司的诞生与英国工业革命几乎同步，在其中发挥了巨大的作用。

有限责任公司是一个伟大的发明，它实现了人类合作的可扩展性。

如果股东与公司的财产界限划不清楚，股东就必须对公司承担无限责任。这种让投资人风险有限、收益无限的制度，可以使想冒险、想投资的人大胆投资。股份公司出现之后，又进一步解决了通过股权转让退出公司的问题，使公司成了一种公共平台。如高速公路的修建，需要大量资金，资金是如何筹集的？股份有限公司出现后，就成为筹集资金的一种最有效的方式。社会资本可以以入股的形式参与高速公路的建设，入股后想退出投资的，还可以将股份转让。

所以，马克思曾评价公司制度："假如必须等待积累去使某些单个资本增长到能够修建铁路的程度，那么恐怕直到

第 7 章 智能社群
——群体智慧与分布式自律

今天世界上还没有铁路。但是通过股份公司，转瞬之间就把这件事完成了。"

公司的局限

早在 20 世纪 50 年代，通用汽车公司曾是这个世界上最富有的公司。它是一个稳定且充满人情味的公司，倡导终身聘用制。这个庞大帝国的每一个部门都在严格掌控之中，在保证质量的同时确保高收益。通用汽车公司被媒体奉为典范，是因为它够庞大，当时的媒体认为公司越大越好，这种组织代表着商业的未来。这也确实让通用汽车公司占据了很长一段时间的优势，这个商业模式意味着股东资本主义是商业组织的主要形态。当时的学者在展望未来几十年的场景时，想象未来所有成功的公司都应该像通用汽车公司一样。

当未来真正到来的时候，通用汽车公司却已不合时宜，IBM、微软、苹果等公司成了媒体的新宠。当然，IBM、微软、苹果公司也和通用汽车公司一样，尝尽世态炎凉。IBM 如日中天的时候曾经被称为"蓝色巨人"，而在它衰落的时候被讥讽为"步态蹒跚的大象"。

媒体一会儿鼓吹垄断带来效率，一会儿鼓吹小就是美，其实都是不得要领。问题的关键在于"交易费用"。

制度经济学的鼻祖罗纳德·科斯曾提出了经济学上一个著名的问题：如果市场的主意如此美妙，为什么还需要企业呢？为什么要有那些组织框架？为什么不能让所有人互相提供服务，用市场和契约来解决一切？

因此，科斯在 1937 年创造了"交易成本"（Transaction Costs）这个概念。所谓交易成本，即"利用价格机制的费用"或"利用市场的交换手段进行交易的费用"，包括提供价格的费用、讨价还价的费用、订立和执行合同的费用等。

科斯认为，当市场交易费用高于企业内部的管理费用时，公司便产生了。公司的存在正是为了节约市场交易费用，即用费用较低的企业内交易代替费用较高的市场交易。

公司规模并不可无限扩大，当一个公司成长到一定的规模，沟通和管理的成本就会吞噬掉公司的全部利润。

这就像摩天大楼的建造，高到一定程度就没有意义了。因为越高的摩天大楼，就需要越大的公摊面积、越大功率的电梯、越大体积的通风系统……整个大厦除了这些辅助系统外，几乎无法再放其他的内容了。

当组织的规模扩张越过了某个点，就会导致其自身的崩溃。这就是科斯天花板（Coasean Ceiling）理论。

所以，当市场交易的边际成本等于企业内部的管理协调的边际成本时，就是公司规模扩张的理论极限。

资本主义的商业形态是在 17 世纪的欧洲开始逐渐形成的，相对于当时的封建社会，这其中有许多对财务制度和法律法规方面的改进。而其中最重要的财务制度和法律法规，莫过于复式记账法、保护私有财产的法律和公司制度。

第 7 章 智能社群
——群体智慧与分布式自律

DAO 与大规模强协作

在互联网发明之前,已经存在人与人之间构成的社会网络(Social Network)。社会网络是一种基于"网络"(节点之间的相互连接)而非"群体"(明确的边界和秩序)的社会组织形式。

随着工业化、城市化的进行和互联网技术的兴起,社会呈现越来越网络化的趋势,一场"社会网络革命"(Social Network Revolution)正在发生(见图7-1)。

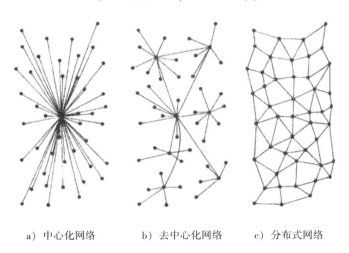

a) 中心化网络　　b) 去中心化网络　　c) 分布式网络

图 7-1　保罗·巴伦(Paul Baran)的网络中心化
　　　　和去中心化程度示意图

区块链技术可以进一步强化社会可扩展性,增强个体之间协作的程度,通过机制设计和技术手段,激励与制约每个参与者。随着区块链技术的进步，全球大规模协作的时代也将到来，这有可能成为 21 世纪令人惊叹一种的经济模式。

分布式协作的进化

在科研方面，人类早已实践过大规模分布式协作。这其实是一种通过互联网实现的分布式计算——把一个需要巨大的计算能力才能解决的问题拆分成许多小的部分，然后分配给许多计算机终端进行处理，最后把这些计算结果汇总起来，得到最终的结果。

例如，Folding@home 是一个用志愿者贡献的闲置计算机算力资源来模拟蛋白质折叠的斯坦福大学项目，用于药物计算设计和其他分子动力学问题。

又如，SETI@home 是一个搜寻外星文明计划。志愿者可以将自己闲置的计算机算力资源通过一个程序贡献给 SETI@home，来帮助分析来自太空的无线电信号，用于寻找外星文明的迹象。

此外，还有研究艾滋病的生理原理和相关药物的 FightAIDS@home、研究新药物的 D2OL、帮助实验物理学家设计粒子加速器设计的 DPAD 项目……

已经实施多年的科学项目，存在的一个最大问题是没有一个恰当的激励机制，来吸引更多的人参与其中。

目前，比特币网络所集合的算力已经超过了全球前 500 名超级计算机算力总和的 1000 倍。如果能利用区块链经济学

第 7 章 智能社群
——群体智慧与分布式自律

的激励机制,把这种规模的算力导向科研,很可能产生惊人的科研成果。

区块链的兴起,也为 BOINC 这样分布式计算平台带来了启示。顺应潮流,BOINC 也采用了区块链的激励机制,它推出了一种代币,名叫"Gridcoin",奖励那些算力贡献者。虽然 BOINC 是一个公益性的平台,并不能带给人们夸张的回报期望值,但至少能让志愿者把电费和机器的损耗赚回来。自这种激励措施推出以来,参与这项公益的志愿者人数显著增加。

通过区块链形成的各类社区平台,能够有效促进协作型文化的形成。

区块链引入了全新的激励机制,链接和连接比所有权更重要,追求个人利益与追求集体利益可以并行不悖。

分布式自治组织

分布式自治组织(Distributed Autonomous Organization,DAO)和分布式自治公司(Distributed Autonomous Corporation,DAC)是区块链经济中最热门的概念之一,已经被越来越频繁地提到,甚至有一个基于区块链投资基金项目的名字就是"the DAO"。这个"the DAO"既是项目的名称,也带有一定分布式自治组织的性质。真正让 the DAO 名扬天下的,是它遭受了黑客攻击,损失惨重。

DAO 和 DAC 这两个概念并没有太大的区别,在早期更多地使用 DAC 概念,而在 2016 年,越来越多的人开始使用 DAO 这一术语。

所谓 DAO,就是通过一系列公开公正的规则,可以在无人干预和管理的情况下自主运行的组织机构。这些规则往往会以开源软件的形式出现,每个人可以通过购买或者提供服务的形式成为公司的股东。机构的股东将可以参与机构的运营,参与机构的成长,并且分享机构的收益。

尼克·萨博曾如此定义社会可扩展性:它是指一个机构的能力——一种关系或者在共同的努力下,许多人反复参与其中,以限制或者鼓励参与者行为的习惯、规则和其他特征——来克服人类思想中的缺点,以激励或约束这个机构中的大多数人能够积极合作。

公司制度极大地提高了社会可扩展性,是现代商业社会中非常重要的组织形式,是构成现代整个商业社会的基础。

DAO 的鼓吹者认为,DAO 将不同于传统公司复杂和缓慢的机制,而更像一个完全自动运行的公司,任何人都可以随时加入和退出。而公司的股权在系统中以代币的形式体现,并让收入、利润这些概念完全消失。如此一来,公司运作的结构被大大简化,只剩下投资者和生产者,这会极大地降低公司的交易费用。而每一个 DAO 都像上市公司一样,其股权(代币)是可以高速流通的,这意味着其价值发现在一开始就将完全由市场决定的,这也将降低交易费用。当然,现实

第 7 章　智能社群
——群体智慧与分布式自律

并不像 DAO 的鼓吹者所说的那么理想，ICO 的证券属性使得它必然被纳入监管。

历史上，复式记账法、公司制度和保护私有财产的出现，为资本主义的崛起奠定了基础，成为现代商业社会的基石。而分布式总账技术、分布式自治组织和智能合约的出现，必然会为现代商业社会的结构和运作方式带来深远影响。

新巴别塔计划

当维基百科出现之后，唐塔普斯科特曾对它极力鼓吹，并写了一本名为《维基经济学》的书，说维基百科的成功向世界证明，如果有一种方法充分利用了组织里每一个人的智慧，它的能量将无比惊人。

的确，"维基百科用这么少的成本、这么多的人力生产出了这么多的信息，这在历史上是从未有过的。这个组织里不存在营利机制和所有者，这让其成绩变得更显著。在这个互联网巨头争霸的时代，这个最无私的网站是值得被拯救的。"

但随着时间的推移，维基百科出现了唐塔普斯科特也未曾料到的一些弊端。

《纽约时报》的一篇报道里写道："潜在的维基百科编辑会随着移动设备用户数量的增加而不断降低。"还有一个问题，就是社区的治理问题。在 2005 年几个月的时间里，有超过 60 个编辑被提升成管理员。而管理员是一个有编辑英语版本文章特权的身份。

维基百科编辑的活跃度下降,并不是因为这个世界的知识大部分已经被编辑完成了,而是因为人类进入了移动互联网时代,手持互联网终端的输入比较麻烦,加之激励的强度不够,人们的热情也就减弱了。维基百科设置管理员其实是一种无奈之举——一个内容社区不可能做到完全没有审查。

如果有一种基于区块链经济学的百科网站,这些问题都能得到化解。一方面,可以通过代币激励编辑的贡献;另一方面,可以通过声誉系统和类似"押金"的制度,制约编辑的作弊行为,比如发"软文"就要扣掉押金,甚至禁止再发文。

区块链和共识系统的发明,将大大降低大型系统的组织和协调成本;DAO 的出现,可以化解维基百科管理的这一弱点,很多原本要求中心机构或组织作为权威或信用点进行控制的人类行为,现在都可以实现去中心化了。

蓝色巨人 IBM 是如何拥抱变化的呢?

Linux 操作系统是最典型的一个。Linux 不被任何人或公司所拥有,但已经是世界上最重要的操作系统之一了。此外还有维基百科、火狐浏览器等。并行生产的一大好处是,公司可以利用大量的外部人力资源。IBM 拥抱了 Linux,并向 Linux 社区捐赠了价值数亿美元的软件。在这个过程中,IBM 省下了本来要用于其专有系统开发的每年 9 亿美元费用,并创造了一个承载数十亿美元软件和服务业务的平台。

第7章 智能社群
——群体智慧与分布式自律

在一种新型的可扩展经济体内,所有权可以被分散成无数的小部分,它的拥有者可以是员工、风险资本、投资商、联盟成员、局外人甚至竞争者。分布式自律的经济形态正在区块链的世界里萌芽。

传说,人类曾经试图联合起来兴建能通往天堂的高塔——巴别塔。为了阻止人类的计划,上帝让人类说不同的语言,使人类相互之间不能沟通,计划因此失败,人类自此各散东西。

区块链则有望让人们再次构建智能社群,把力量联合起来。

那些曾经连大型计算机都束手无策的数学问题,现在已经可以通过不计其数的个人计算机(PC)联网解决了:一个非常复杂的问题被分解成很多子问题,通过网络分发出去。同样,任何一个研究所都难以承担的庞大课题,也可以被分解后通过网络分发出去。

尽管区块链技术一直被认为是一种颠覆性的技术,但许多人还是仅仅将其视为一种技术上的变革。如果我们把视线投向更加深远的社会基础,也许能够真正意识到有史以来人类商业社会最大的一次变革正在拉开帷幕。

区块链将重构现代商业社会,如果区块链技术能影响到社会组织形态,那么我们就进入了区块链经济3.0,也就是智能社群的新版图。

第8章　机器信任
——事实证明与履历追踪

它是一根如实记录事实的大型链条。

——《经济学人》

世界上很多经济落后的情况可以通过缺少相互信任来解释。

——肯尼斯·约瑟夫·阿罗（Kenneth J. Arrow）

信任是市场的基石。

假设史前时代,有一个以狩猎为主的人类社会。恰巧,某个猎人比他的邻居更擅长制作弓箭。某天,这个猎人出于善意,也出于信任,把自己制作的弓箭作为礼物送给了邻居。他的邻居善于驯马,出于互惠,他把自己的马回赠给了这个猎人。继续类似的交往,他们的生活都大大改善,再也不用事事都自己操心准备,因为他们自己的劳动剩余已经能更有效率地做好这些事情。

这是亚当·斯密在《道德情操论》一书中有关于市场的起源的描述。亚当·斯密认为,正是信任、利他主义、互惠使得人类的交换行为成为可能。

罗纳德·科斯认为交易费用里面,既包括信息收集的成本,也包括谈判成本、合约成本、执行成本等。进而,科斯把这个费用问题扩大化,引入了社会成本的概念。在整个社

第8章 机器信任
——事实证明与履历追踪

会成本中,最核心的是信任成本。信任成本最小化,是国家富强的另一个秘密。信任成本降低了,整个社会的交易成本自然就低了,资源配置效率则会大幅提高,至此国家的财富才算真正增长了。

《经济学人》2015年10月刊的封面文章《信任的机器》如是说:"比特币背后的技术有可能改变经济运行的方式。"对《经济学人》来说,区块链打造的是一种基于"机器信任"的冷酷机制,它是"一根如实记录事实的大型链条"。

区块链实现了"公共账本"的透明性,不可篡改,所以可以不必经过中介机构也能安全记账。区块链能满足记录可信这一要求,无论哪种交易,记录可信都至关重要。此外,区块链还有很多其他用途。

区块链这个分布式加密账本,可用于记录几乎一切有价值和重要的事物:出生证明和死亡证明、婚姻证书、契约和所有权凭证、教育学位、金融账户、医学流程、保险偿付、投票、食物溯源等。这必将对人类的经济活动产生深远的影响。

降低"非市场性交易成本"

赫尔南多·德·索托是秘鲁著名经济学家,他提出"非市场性交易成本"的概念。这其中包括排队等待的资源浪费、追溯产权、完成和备案文书、办理官方流程手续、解决争议。

破解"证明我是我"的难题

"证明我是我"这样的问题,随着技术的发展将有望解决。贵阳市政府在推动政府数据共享开放的过程中加入了"身份链",把"身份链"库变成基础库,用区块链做标识。数据的产生、共享过程被时间链条所记录,一条数据是谁的、被谁用过、用过多少次、对哪个部门开放等问题将得到解决。区块链在推进便民服务中,将实现"数据多跑腿,群众少跑路"的目标。

政府在区块链研究与投入方面的力度,或许比民间更强。

人们已普遍认识到,"模拟型身份"(Analog Identity,相对于"数字型身份")要依赖于驾驶证、出生证明、护照等纸质文档的管理,这样的做法已经过时了。现在,我们必须建立"数字型身份"的标准和规范。否则,人们和机构都难以享受现代经济的效率。

世界银行以及联合国等机构最近宣布了 ID4D 倡议,以帮助世界上约 11 亿无法获得基本服务的人,因为他们缺乏证明自己身份的方法。2016 年,印度政府推出了一项国民身份制度,利用生物识别系统将人们纳入"服务网络"。

土地确权

赫尔南多·德·索托一直致力于为世界上的穷人赋予所

第8章 机器信任
——事实证明与履历追踪

有权凭证,他将区块链技术视为实现其毕生壮志的工具。区块链的应用场景相当广阔,例如,制造经济的防篡改公共数据库;或产权登记中的文档可以通过嵌入有关信息,然后存放到公链上,而不再需要公证员为它提供担保。

《经济学人》杂志曾经刊登过一个案例,说的是洪都拉斯有一位名叫伊萨吉雷的女士,在她简陋的房子里已经居住了30年,但洪都拉斯的警察在2009年突然要将她赶走。

不同于她的许多邻居,她其实拥有所居住房子的土地凭证。但国家产权局的记录显示,另一个人也登记了这座房子,于是那人说服法官申请驱逐令。虽然法院最后终于弄清楚房屋的真正所有者就是伊萨吉雷女士,但她的房子已被拆毁了。

这种事情并不罕见,每天都在发生。因为土地是全世界最普遍的资产,但用于约束和规范土地转让的流程通常晦涩难懂,无论发达国家和发展中国家,在这方面的法律都存在含糊不清的情况。洪都拉斯的土地所有者可能没有土地证,他的财产甚至可能被另一方所占有。

土地登记处的信息记录随意、管理不善甚至腐败——可以说全世界有许多地方都这样。据估计,洪都拉斯60%的土地都没有合法证明。这些土地的所有者不只是无法出售土地,也不能利用土地筹集资金或作为贷款抵押——他们被牢牢地挡在经济活动之外。

财产权缺乏保障是不安全和不公平的根源。这也使得人们很难使用房子或一块土地作为抵押、投资和创业的资本。

政府部门的行政效率取决于信息的交换效率。如果将各部门的信息数据与区块链联系起来,当政府部门与公民同意数据共享后,就可以确保数据被实时发布。区块链技术可以提高透明度,减少腐败。

使用区块链技术建立一个经济系统,似乎能很好地解决这些问题。基于区块链技术的系统,是基于巧妙加密算法的数字资产证明。

这就是洪都拉斯政府决定尝试区块链技术的原因。洪都拉斯已寻求公证通(Factom)公司来提供技术支持,但后来这个实验中断了。

希腊政府也对这想法表达出兴趣。希腊没有合理的土地登记,全国只有7%的土地拥有正确的记录。

数字身份与"区块链共和国"

目前最容易拿到的外国身份证,可能就是爱沙尼亚共和国(以下简称爱沙尼亚)的数字身份证了。

爱沙尼亚共和国自1991年重新独立后,宣布塔林作为首都。爱沙尼亚是东欧波罗的海三国之一,是一个寒冷的国家。

由于高速增长的经济,以及信息科技较发达,爱沙尼亚经常被称作"波罗的海之虎"。2004年,爱沙尼亚加入欧盟;2011年加入欧元区。世界银行将爱沙尼亚列为高收入国家。

第8章 机器信任
——事实证明与履历追踪

爱沙尼亚是申根协定成员国之一。该协定由德国、法国、荷兰、比利时和卢森堡等26个成员方签订,其宗旨意在取消各成员国之间的边境,可以自由通行、无限期居住。

2014年10月,爱沙尼亚宣布向全世界开放"电子居民身份证"服务。

2015年5月,爱沙尼亚政府再出新政:无须申请人去爱沙尼亚大使馆申请,可全程网上办理,只需要在官网填写简单的信息,并用信用卡缴纳50欧元的申请费即可。

有了这个电子身份证,你就可以在不必是爱沙尼亚公民,也不需要本人在爱沙尼亚的情况下,通过互联网享受爱沙尼亚的工商政务服务和银行服务。你可以迅速地成立一间正规的爱沙尼亚公司,营收税率为零,也可以在网上开设爱沙尼亚银行的账户。爱沙尼亚的企业税率是欧盟最低的,并且因围绕科技研究的自由法规而闻名。但这样做毕竟可以扩大税基,爱沙尼亚的这一政策有点"数字徕民"的意味。

电子居民身份证计划的实施,离不开数字签名(又称公钥数字签名、电子签名)。这是一种类似写在纸上的签名,但是使用了公钥加密领域的技术,用于鉴别数字信息的方法。在网络上,可以使用数字签名来进行身份确认。数字签名是一个独一无二的数值,若公钥能通过验证,那么就能确定对应的公钥的正确性。数字签名兼具可确认性和不可否认性。

目前,爱沙尼亚利已经采用区块链技术来提升电子居民身份证的加密安全。这为它赢得了国际赞誉,因为其自由且安全。

爱沙尼亚的成功会吸引越来越多的小国和地区效仿,比如将区块链技术应用到国家电子居民身份证当中,制定更宽松的监管政策等。

那些监管过于严格的国家和地区的区块链公司和项目,可能会选择"出海",到这些地区注册。这种"数字徕民"政策也会相互竞争,最后可能会出现一种事实上的"区块链共和国"。

食品"上链",安全溯源

食品供应系统的问题大多都源自农场。为了经济利益最大化,农场往往采用简单粗糙的农业技术,从而造成食材污染。事实上,消费者出于健康的考虑,往往愿意为优质食品付出更高的价格。然而,那些使用安全技术的种植户、养殖户却难以自证清白。本来食品的标签可以起到证明的作用,但实际情况并非如此。据一些全球性的食品丑闻表明,标签也是有误导性的。比如,有一些东西在法律上允许被贴上"有机"的标签,尽管它们使用了杀虫剂、化学药剂甚至还是转基因产品。标签已经很难准确反映食品在包装或运输过程中是否已被污染。对于这种信任困境,区块链提供了破解方法。

第8章 机器信任
——事实证明与履历追踪

通过添加动态分析和物联网技术，运营商还能够轻松地对供应链进行可视化管理，确保从农场到餐桌的问题预测以及效率优化。

以猪肉为例，从养猪场的基本信息、检验检疫资质、平时记录都可以"上链"。屠宰场、物流过程中的实时温度、GPS 定位，到仓储环节、分送环节、证书、发货记录和门店，诸如此类的信息都可以通过区块链技术实时分享，通过采集技术，如传感器、射频技术发送到区块链的系统里。

甚至还可以通过区块链上的声誉评价系统，农民和消费者可能自发建立点对点的食材交易市场。类似的数字技术将推进全球食品供应链的改造，进而构建一种更透明、安全和高效的食品供应链系统，帮助企业、消费者同食品生产商之间建立新型的生产关系。

2017 年 8 月，世界上十大零售及食品供应商与 IBM 达成合作，将区块链整合到其供应链中，从此，食品供应商追溯原料成分将更快速。这 10 家公司包分别是沃尔玛、雀巢、联合利华、麦考密克、泰森、克罗格、麦克莱恩、德里斯科尔、多尔和金州食品，它们的年度全球销售额总和超过 5 万亿美元。

IBM 开发的区块链平台将帮助这些公司提高供应链的可视性和可追溯性，让食品更加安全。

学历认证

区块链是一个去中心化的分布式公共账本，它可以将教育信息存储在由全球数以亿计节点构成的网络系统中，从而保证信息安全。这种教育数据存储方案不仅成本低，而且无法轻易篡改，安全性极高。

2015年年初，美国麻省理工学院媒体实验室开始研究"区块证书"（Blockcerts），试图为包括学生在内的更广泛的社会群体签发数字证书。

"区块证书"让高等院校将教育文档的哈希值存放到比特币区块链上进行存证。

区块证书的工作原理是什么？数字证书的颁发与验证原理是比较简单的：

首先，创建一个数字文件，这个文件里包含收件人的姓名、发行方的名字、发行日期等基本信息；然后，使用一个只有发行人能够访问的私钥，对证书内容进行签名，并为证书本身追加该签名；之后，系统会通过哈希算法验证该证书的内容是否被人篡改；最后，发行人使用私钥在比特币区块链上创建一个记录，表明在什么时候为谁颁发了什么证书以及证书本身的内容。

需要注意的是，这个项目刻意使用了比特币这个公链。在这个落地场景中没有使用私有链，因为人们会担心在弱中

第8章 机器信任
——事实证明与履历追踪

心化的私有链上，控制者有权撤销其教育证书。公链则能将真正的文档控制权和所有权归还毕业生。

可想而知，当数字证书被研发出来并应用于教育领域，伪造文凭将没有立足之地。对于企业招聘来说，人力资源总监以后不需要花费大量的时间和精力去核查毕业生的教育背景是否属实，因为区块链存储了这些数据，而且绝对不是造假的。

2016年2月，索尼全球教育公司对外宣布了一项区块链服务计划。学生可以据此转移自己的数据，比如将大学里的成绩单发送给应聘的公司。例如，你参加了一次职业技能考试，取得了不错的成绩，那么你可以直接将测试结果分享给用人单位。

2017年5月，墨尔本大学测试区块链学生档案管理，通过一套全新的数字系统查看学生档案，利用区块链的不可篡改性，为企业提供真实的人才信息。

这种基于区块链技术的学业成绩共享系统，实质上是一种数据加密传输技术。利用该技术可以在网络上共享记录，创建一个全新的、安全的基础设施系统，为教育数据存储开创新的范式。

如果这种基础设施成功建立，其开放、安全的特征将会吸引越来越多的教育机构加入其中。

医疗卫生

区块链驱动的分布式信任架构,可以说是医疗产业的福音。

那些高度敏感的医疗记录,正停留在保险公司、医院、实验室管理的数据孤岛里,而这些机构都在维护一个很容易被入侵的数据池。区块链技术将改变这个行业的现状。

电子健康病例(EHR)

针对医疗产业的黑客攻击一直都在进行着。2015年,美国第二大医疗保险服务商 Anthem 公司丢失了 8000 万名用户的数据。Anthem 公司宣布,公司信息系统被黑客攻破,近 8000 万名员工和客户资料被盗。该公司总裁兼 CEO 司伟德通过官方网站的一份声明表示,黑客入侵公司信息系统,获得了公司员工和客户的个人资料,其中包括姓名、生日、医保 ID、社会保险号、住宅地址、电子邮箱、雇佣情况以及收入数据。未来,可能有一些更重要数据,如患者的指纹数据,甚至基因数据,更需要保密。

现有架构的输家往往是患者,不但会增加治疗成本,还会延误时机。比如,一位患者从甲医院转移到乙医院,通常还需要做一些重复的检查。因为无法将重症病人的关键记录从主诊医生那边取出来并交到急诊人员手中,导致急诊人员

第8章 机器信任
——事实证明与履历追踪

无法采取合适的措施。

区块链技术提供了一个可行的替代方案。在电子健康病例（EHR）方面，个体完整的健康历史记录，包含各项生命体征、准确的服药记录、医生诊断、与患者疾病和手术相关的所有信息，以及与医护人员、地点、事件相关的全部历史数据，对精准治疗和疾病预防具有宝贵价值，区块链恰好能将个体乃至机构群体的数据进行实时存储与共享。

MedRec 这个医疗记录项目是由美国麻省理工学院媒体实验室创建的。在这个项目中，数据依然会保存在各家医疗服务提供商那里，但病人可以使用其私钥，决定其愿意向医疗服务提供商透露的数据的维度，以及谁有权访问这些数据。腾讯公司推出的微信智慧医院 3.0，则是把所有知情方全部纳入区块链，实现实时链上监管，就医信息从哪里来到哪里去、被谁使用、应该处于什么状态，全程可追溯。

药品防伪

区块链的可追溯性，更有利于医疗事故的追溯以及药品的回溯与监管。比如，建立药物一致性的物流配送与管理体系，杜绝假冒伪劣药品。

2017 年 9 月，基因泰克和辉瑞等制药公司联合推出了 MediLedger 区块链药品追踪项目。通过 MediLedger 区块链平台，药品供应链的所有节点都将会在区块链上对流通的药品信息进行记录，任何药品在区块链上都能够得到验证，最大限度地保证了药品的可追溯性，使药品盗窃与假药销售无从下手，进而保证了病患的用药安全。

此外，英国的 BlockVerify 是一家基于区块链技术的防伪方案服务商，目前主打药品的追踪溯源，帮助医疗人员通过扫描药品验证真伪。

因为区块链的数据是即时更新、广泛共享的，药店、厂商、买家、监管部门等多方都能实时观察数据流动，包括药品制造和分销信息，从而加强药品监管，阻止假药进入市场。

利用区块链技术，将平台上发生的每一笔交易内容共享给所有网络节点，使得每笔交易都有据可查。这种方式能有效防止伪造交易内容，杜绝交易时可能发生的黑客事件，从而确保所有医疗信息的完整性和可信性。

提高计费和理赔效率

PokitDok 是一家提供医疗服务的公司，推出了一个名为"Dokchain"的医疗区块链项目。它可以用在计费和理赔方面，能有效阻止骗保等不当行为，减少医疗资源浪费。

Dokchain 平台通过智能合约提供的身份管理、验证和交易处理，在医疗保险的索赔处理模式上取得了重大进展，可以实时处理索赔请求，而不是等待 90~180 天的处理时间，也不需要各种烦琐冗杂的中间程序。

这个项目还可以帮助患者在接受治疗前，提前确定自付

第8章 机器信任
——事实证明与履历追踪

费用金额,也能提供预付款等服务,避免造成患者意料之外的成本,也能使医疗机构减少未收款项。

公益慈善

信任是公益事业的基础。传统公益建立信任的方法不外乎制度约束、审计核查与舆论监督等方式。这些方式虽然有效,但也存在诸多不可控因素,因为再刚性的制度也是由人执行的,而人有可能在利益、人情或疏忽下让执行产生偏差。

区块链技术率先从技术层面上为公益行业的透明公开提供了可能,同时也是优化这一问题的解决方案。

通证经济将会催生一些去中心化的"公益链"平台。公益链专门针对公益项目开发,能够让基金会、资助方、受助人三方无缝衔接。社会各界团体或个人均可在此公链上发起公益项目,基金会的慈善活动、善款使用等也可以通过该平台的"公共账本"变得更加阳光、透明。包括每项基金和募款的募款时间、数目、对象等,整个流程都可以在区块链中记录下来。

比如,蚂蚁金服正式宣布旗下的支付宝爱心捐赠平台已全面引入区块链技术,并向公益机构开放。同时,壹基金率先向支付宝提出了区块链公益项目申请,并上线了"照亮星星的孩子"项目。该项目网页说明的右边有一个"爱心传递记录"。用户点进去之后可以看到项目上线时间,并且能够查看捐款记录，而捐款记录中包括经过隐私化处理的捐款人信息、捐款金额、捐款时间、捐钱去向。此外，还特别设置了"机构管理费"一栏。这也正是区块链技术所主张的"透明"，它要求善款自捐赠人捐出到最后给到受益人，必须在支付宝的环境下发生。区块链技术在这个过程中提取所有交易信息，以确保资金流转的痕迹能一目了然，这个过程同时也完全向公众开放。

除捐款外，更多形态多元、参与方众多、流程复杂的非传统公益项目将有望通过区块链技术解决运营、财务和信息公开等问题。

比如，国际救援项目中的电商平台和物流公司、公益保险项目中的理赔机构，甚至国家审计机构等，都可以将"账本"同步到云端。

"账本"信息由所有参与方共同确认后生效。也就是说，如果某一方想要偷偷篡改，将被默认无效。

在现代公益组织内，除了一对一的资助外，捐赠人的善款往往会转化成相应的服务、硬件、软件等服务于受益人。此外，还有一些公益组织做的是支持其他机构能力提升。当此类项目在区块链上进行信息公开后，其模式可能就与一对一的直接资助有所区别。

第9章 金融科技
——区块链与金融技术创新

银行想尽一切办法要提高交易费用。

——约瑟夫·E. 斯蒂格利茨（Joseph E. Stiglitz）

区块链是一种非常重要的新技术，可以对整个金融系统中的交易处理方式带来重要影响。我们正在研究这种技术可以为我们目前正在使用的技术带来哪些可能性，并且许多金融机构也正在研究这种技术。区块链技术可以为全球交易清算和结算方式带来巨变。

——珍妮特·L. 耶伦（Janet L. Yellen）

"金融科技"是一个全球性的概念,这个词来源于英文单词"FinTech",是"金融"(Finance)与"科技"(Technology)两个单词的组合,体现了科技与金融之间的关系。

金融业是数字经济的中枢,金融科技是金融创新的重要形式,理所当然也是最先将区块链技术落地的行业。然而,金融业是一个垄断型行业,现有机构缺乏动力去改善产品、提升效率、优化顾客体验。

区块链,或者说分布式记账系统,从股票市场到货币改革都有用武之地:纳斯达克交易所很快将开始启用基于区块链技术的股权交易平台,来记录私有公司的交易。英国银行向来保守,但这次却领风气之先,该银行的一份研究报告中指出,分布式账本是对金融行业有着"深远影响"的"显著创新"。

第 9 章 金融科技
——区块链与金融技术创新

原有金融科技（FinTech）已经落伍

假设有一位在中国香港工作的菲佣，名叫雪莉。她每个月通过香港的中国银行向菲律宾的渣打银行向母亲汇款 5000 港元时，会面临以下两种情况：

第一种情况，中国银行和渣打银行有直接合作关系。

中国银行首先向雪莉收取 5000 港元和对应汇费，然后通过 SWIFT（环球同业银行金融电讯协会）网络发送一份电报给菲律宾的渣打银行，通知渣打银行向用户雪莉的母亲的账户存入 5000 港元。尽管这 5000 港元并没有真的从中国香港移到菲律宾，但雪莉的母亲已经收到钱款了。

这是由于两家银行有合作关系，它们彼此有一定的信任额度，可以隔一段时间对一下账，做一次清算。

第二种情况，两家银行没有直接合作关系。

这时，中国银行不能直接给菲律宾的渣打银行发电报，因为渣打银行并不认可中国银行的指令。此时，中国银行就只能通过间一家中间银行把钱转过去。

以上流程看起来之所以如此缓慢而古老，是由于 SWIFT 成立于 1973 年，是诞生于电报网络时代的产物，大量的流程设计需要人工参与。现有的金融科技决定了跨境汇款就是这样一种体验。

SWIFT 是国际银行同业间的国际合作组织，目前全球大多数国家的大多数银行都使用SWIFT系统。SWIFT的使用,使银行的结算提供了安全、可靠、标准化、自动化的通信业务,从而大大提高了银行的结算速度。由于SWIFT的格式具有标准化,目前信用证的格式主要都是SWIFT电文(Message)。

SWIFT的总部设在比利时布鲁塞尔,同时在荷兰阿姆斯特丹和美国纽约分别设立交换中心,并为各参与国开设集线中心,为国际金融业务提供准确、优良的服务。

SWIFT运营着世界级的金融电文网络,银行和其他金融机构通过它与同业交换电文来完成金融交易。除此之外,SWIFT还向金融机构销售软件和服务,其中大部分的用户都在使用SWIFT网络。

一笔SWIFT汇款,短则需要几天时间,长则甚至可能超过1周。同时,SWIFT网络的运行成本高昂,导致国际汇款费用较高。据粗略统计,全球每年的小额跨境汇款,光手续费就要近200亿美元。如果采用区块链解决方案,这笔费用几乎可以完全省去。

区块链技术将终结汇款又慢又贵的局面,雪莉将再也不用面对前文所述的两种情况。

阿里巴巴蚂蚁金融旗下的支付宝已经在中国香港与菲律宾联合推出了支付服务平台,其中一项服务就是基于区块链技术的跨境汇款。该服务允许蚂蚁金融与香港跨国企业集团

第 9 章 金融科技
——区块链与金融技术创新

长江和记实业有限公司(CK Hutchison Holdings Lmited)之间的数字钱包合资企业——支付宝的用户通过安全、透明和快速的渠道向菲律宾汇款。渣打银行是指定的结算银行。这项服务将帮助香港的菲佣以更便宜、快捷的方式将钱汇入家中。

区块链技术使资金传递不再需要金融中介来作为信任背书,而是依靠一整套数学算法来约束,使人们可以点对点地发起自助金融交换。毕竟,点对点的交换可以省去不菲的中介费用。

Visa 欧洲宣布使用区块链技术来进行汇款。Visa 欧洲联合实验室相关负责人表示,目前他们测试的项目使用的是运行中的比特币区块链,进行支付的"概念证明"。他解释说,在测试环境中,资金通过区块链进行跨境发送,并且通过 Visa 设备进行接收。可以用法币发送一笔支付交易,然后通过 M-Pesa(肯尼亚移动货币服务)来接收,但是通过利用某个区块链供应商,能够完成汇款行为。

这次测试之所以引起了很多人的关注,是因为汇款领域长期以来一直被认为可能会被区块链上的点对点支付所打破。

今后,会有更多以区块链为底层技术的交易系统,将成为金融行业的基础平台,金融业态将大为改观。

现有的区块链金融项目,大多是以区块链技术改造现有的金融行业应用,如支付、跨境汇款、众筹、数字资产交易等。还有一些金融科技的应用场景,将对当前银行业产生巨大颠覆效应。

一些国家和地区已经设立了沙盒机制,在小范围内实验,经过验证可行后,再陆续落地实施,进入真正的金融系统中。英国、新加坡和澳大利亚都设立了沙盒机制。我国的区块链金融发展也走在了国际前端,设立了一些区块链金融沙盒监管园区,在国家允许的政策法规内及风险可控的范围内,探索区块链技术的金融应用创新。

危机驱使巨头做出改变

区块链技术有可能取代金融中介机构。一些区块链初创企业和合作机构开始提出一些全新的结算标准,例如 R3 区块链联盟已经在制定可交互结算的标准。一旦形成全球性的标准,SWIFT 很有可能被边缘化。

又如瑞波公司开发的银行间结算系统。这款支付解决方案利用单一的分布式账本,将全球各大金融机构连接为一个整体,彼此之间发生的跨行交易业务(现金转移、资产互换)可以以实时的方式完成。传统的银行结算流程往往要持续数日,而瑞波公司提供的解决方案只需要花费几秒的时间。各大金融机构将因此提升工作效率,顾客也能节约更多的时间,同时还能少花一笔价格不菲的手续费。利用瑞波公司提供的区块链技术,银行的业务虽然没有发生任何变化,但却能以"更好、更快、更廉价"的方式完成。

第 9 章　金融科技
——区块链与金融技术创新

SWIFT 显然已经感到了新兴金融科技的威胁。那么，它将如何应对这个潜在威胁呢？

2015 年 12 月，SWIFT 宣布新的改革计划，将通过使用更快、更安全的跨国支付手段——通过整合类似区块链这样的全新技术来提出一个全新的路线图，以提升其跨行支付结算的能力，并将银行业务在速度方面达到"像光速一样快"。

SWIFT 的市场相关负责人表示，将会改变跨银行结算方式，也许会使用区块链技术来替代双边通汇的对应账户。这样，在两个跨国账户之间结算的改变就会涉及消息层和结算层。随着时间推移，SWIFT 会在需要的时候进行提升。这就是一个战略路线图，截至目前，还没有办法简单地直接换掉过去的系统然后换上新的，这显然不现实。银行已经在它们的系统中内置了这套合规性，SWIFT 必须保持在这个层级的控制。

迄今为止，SWIFT 最可见的区块链落地应用，当属由 Linux 基金会引导的开源代码计划"超级账本"（Hyperledger）。

SWIFT 表示，将继续开发全新的和更好的服务，利用自身优势进一步拓展互联网金融社区，探索能够实施付款跟踪的支付系统，使用点对点信息传输和区块链技术。

SWIFT 于 2016 年 4 月宣布，他们正努力构建自己的分布式总账平台。SWIFT 确实表示其概念证明机制目前正在探索如何把分布式总账融合进 SWIFTNet PKI 保护层，同时用现存的电子数据标准来评估其可操作性。

当然，SWIFT还不相信分布式总账能够"完全满足金融社区的要求"，认为区块链技术将会取代SWIFT的说法还是"过于笼统"了。

委内瑞拉的"石油币"实验

2017年12月，在俄罗斯的支持下，委内瑞拉总统马杜罗宣称，为了打破美国的金融封锁，推出全世界第一种由国家推广的加密货币——石油币（Petro）。

与一般加密货币不同，委内瑞拉石油币锚定在石油资源上。理论上，1个石油币将由1桶石油价值支持。

马杜罗在电视讲话中宣布："每个石油币都将由一桶石油支持。"以奥里诺科重油带阿亚库乔区块1号油田的53亿桶石油储量作为发行"石油币"的物质基础，每个"石油币"与1桶石油等价。委内瑞拉石油币白皮书描述说，石油币将是一种由石油资源支持并由委内瑞拉发行的主权加密资产。

"委内瑞拉石油资产将被用于促进基于该国区块链的加密资产和技术。国家将促进和鼓励使用石油币，以巩固其作为一种投资选择、储蓄机制，以及与国家公共服务、工业、商业和公民的交易方式。"

"石油币将作为公民直接参与的独立、透明和开放的数

第9章 金融科技
——区块链与金融技术创新

字经济的先锋。它还将成为促进新兴经济体之间发展、自主和贸易的更公平的金融体系发展平台。"

白皮书还展现了马杜罗的政治雄心：创建石油币将帮助委内瑞拉打破美国的金融封锁，维护"强势玻利瓦尔"的主权，并促进宏观经济的稳定。由委内瑞拉黄金、石油和钻石储备支持的"石油币"市值也将超过比特币，成为全球第一大加密货币。

事实上，委内瑞拉推出石油币的举动，非常仓促、潦草。

据委内瑞拉政府 2018 年 1 月 31 日发布的"石油币"白皮书显示，这种加密货币并不能直接兑换石油。

委内瑞拉政府只是保证，该政府将认可"石油币"作为一种支付国家税收、费用、缴款以及公共服务的形式。

委内瑞拉发行的这种加密货币，技术上比较薄弱，据说只是建立在以太坊公链上的一个 Dapp。有评论认为，这是委内瑞拉政府的一个高端办法，花式出售本国的债务。

这一招能否奏效还是未知的时候，马杜罗又宣布了要推出以黄金为支撑的第二种加密货币，名叫"黄金石油币"（Petro Gold）。因为黄金更保值，所以它比第一种石油币更强大。

不论石油币成败如何，作为全球第一个由国家政府出面背书、推销的加密数字货币，对这个案例的研究就有了标本意义。

尽管很多人不看好石油币,但委内瑞拉并不孤独,因为试图挣脱美元霸权的国家和组织太多了。据俄罗斯新闻媒体报道,伊朗和俄罗斯或将利用数字货币来应对西方国家的制裁手段。伊朗议会经济事务委员会负责人提到,数字货币是两国避免美元交易的有效方式,并可能取代 SWIFT 支付系统,他们已着手让伊朗中央银行开始制定使用数字货币的提案。此外,迪拜的 OneGram 公司宣称要创造世界首个锚定黄金的数字货币,假如能够成功,那么也是建立在比特资产锚定原子资产这种逻辑之上的。

保险业,向互助式社群回归

远在公元前 2000 年,航行在地中海的商人在遇到海难时,为避免船只与货物同归于尽,往往会抛弃一部分货物,损失由各方分摊,形成"一人为大家,大家为一人"的共同海损分摊原则,成为海上保险的萌芽。

公元前 133 年,在古罗马成立的各雷基亚(共济组织),向加入该组织的人收取 100 泽司和一瓶用于敬人的清酒,另外每个月收取 5 泽司,积累起来成为"公积金",用于丧葬的补助费。这是人寿保险的萌芽。

现在的保险行业,业务模式就是一个调配资金的中心化组织,它通过与个人订立合约,建立资金互惠关系。而区块链应用很可能改变保险公司这种提供互惠关系的模式。

第9章 金融科技
——区块链与金融技术创新

通过基于区块链的点对点互助保险平台,区块链技术可以让人们更加直接地管理自己的风险,而且需要更少的金钱。

保险公司的作用就逐渐转变为专业咨询和互惠池机制管理,而不是直接吸收风险。

更彻底的,可能推出基于智能合约的互助保险产品,并转变成一个分布式自治组织,使消费者能够不再依赖中间人。例如,通过分布式微型保险解决方案,人们可以获得价格合理、质量相当的保险产品。

有人认为,如果这种商业模式一旦被充分开发,也许就不再有传统的保险公司了,全新的区块链保险 DAO 会成为这个行业中至关重要的商业角色。

第10章 技术融合
——区块链赋能第四次工业革命

一旦我们在区块链上为这些物体赋予"生命",它们便可以感知、响应通信和执行操作。

——唐塔普斯科特(Don Tapscott)

在我们的去中心化物联网愿景中,区块链是在发生互动的设备间促进交易和协作的一个框架。

——《设备民主:拯救物联网的未来》

物联网（Internet of Things，IoT）不是一个行业，而是一种趋势。

20世纪30年代，当收音机开始被安装在汽车里，驾驶时得以通过收音机接收外界信息，就是一种物联网的应用。

区块链技术的另一个"杀手级应用"很可能在物联网方面。

仅靠设备与设备的简单相连，并不能产生真正的经济价值。只有当设备之间有一种智能化的软件协调时，才能激发物联网的真正潜能。此外，物联网还要防止来自黑客的攻击。

IBM于2014年发表的物联网白皮书《设备民主：拯救物联网的未来》给出了这样一个结论：当2050年联网在线的设备达到1000亿台时，通信带宽以及中心数据库都不可能承担传输、存储和处理这个当量的数据，而且这个数量级设备的身份认证也是现有技术无法管理好的。

第 10 章　技术融合
——区块链赋能第四次工业革命

区块链也许是与物联网最契合的解决方案。要真正地实现所有权与使用权分离的共享经济社会，区块链技术也许确实是一种最优解决方案，比如把租车人的信息和汽车的信息都登记在区块链总账上，那么租车就像下楼开自己的车一样方便，车辆出租方也能在区块链上以秒级时间确认租车人的身份，如果再加上智能合约，一切都自动完成，拥有它与使用它也就完全没有区别了。

"万物互联"与"万物账本"

工业互联网（Industrial Internet）是通用电气公司 2012 年秋季提出的关于产业设备与 IT 融合的概念。其目标是通过高功能设备、低成本传感器、互联网、大数据收集及分析技术等的组合，大幅提高现有产业的效率并创造新产业。通用电气公司将工业互联网定位为一场新的"革命"。

通用电气公司指出，从 18 世纪中期到 20 世纪初的工业革命是产业界的第一场革命，20 世纪末的互联网革命是第二场革命，通过将这些革命带来的先进产业设备与 IT 融合，将产生第三场革命——工业互联网革命。

工业互联网不仅提振制造业，还将帮助消费互联网突破瓶颈，提供新的解决方案，进而搭建好未来的框架。通用电气公司前掌门人伊梅尔特如此描述这种巨变："也许你昨晚入睡前还是一个工业企业，今天一觉醒来却成了软件和数据分析公司。"工业互联网也属于物联网的范畴。

物联网的瓶颈在于软件

如今，智能传感器、各种电器元件的成本已经十分低廉。通过使用与物联网相关联的新兴软件和技术，可以将智能元素逐渐地注入现有的基础设施里，如输电网也可以加入能够彼此通信的智能设备。实现万物互联的真正瓶颈在于软件。

物联网（IoT）为我们勾画了一幅万物互联的蓝图：现实世界的数十亿台智能设备将能够进行重要信息的感知、响应、通信和共享工作。

工厂与工厂之间、设备与设备之间、人与设备之间，浑然一体。

无论是保护我们的环境，还是管理我们的健康信息，一切都将实现智能化。

这个用于连接一切事物的物联网，构成了一个"万物互联"的未来图景，而这必然需要配备一个能记录一切事物的"万物账本"。

区块链专家梅兰妮·斯万（Melanie Swan）指出："区块链技术意味着互联网Ⅰ——信息传递，将升级为互联网Ⅱ——价值转移。"

区块链技术与物联网技术的融合是一个必然趋势。

区块链在本质上是一个公开账本，拥有成为所有资产的登记、编册和转让的全球性的、去中心化记录的潜力。这些

第 10 章　技术融合
——区块链赋能第四次工业革命

资产不仅仅包括资金,也包括诸如投票、软件、健康数据和思想等各类财产和无形资产。

区块链赋予物联网灵魂

只有嵌入了高效软件管理系统的物联网,才能创造更大的价值。通过嵌入区块链的支付系统、声誉评价系统、加密系统、智能合约等关键创新点,去扩展如下领域:协作生产、研究共享、虚拟工厂、全球食品供应链……

区块链技术让我们可以将相关的核心信息与智能设备关联在一起进行识别,并对其进行编程,使得它能够在预先定义的规则下执行动作,而无须担心错误、篡改或被关闭的风险。因为区块链是一个不可干预的账本,上面记录了网络中发生的所有数据的交换记录,这些记录在运行中不断进行积累,并由该特定网络中的协作节点进行维护。这样用户可以确保这些数据是准确的。

IBM 是最早宣布对区块链开发计划的公司之一,它在多个不同层面已经建立了多个合作伙伴关系,并展现了对区块链技术的钟爱。它已经发表了一份报告,指出区块链可以成为物联网的最佳的解决方案。

2015 年 1 月,IBM 宣布了一个项目——ADEPT(自治分散对等网络遥测),一个使用了 P2P 区块链技术的研究项目。IBM 还与三星公司专为下一代物联网系统建立了一个概念证明型系统,该系统基于 IBM 的 ADEPT。ADEPT 平台由三个要素组成：以太坊、Telehash 和 BitTorrent。使用该平台，两家公司都希望带来一个能自动检测问题、自动更新，而不需要任何人为操作的设备，这种设备也将能够与附近其他设备通信，以便于为电池供电和节约能量。

区块链将成为一种开放数据系统，影响到行政、教育、医疗、食品安全甚至能源领域。

区块链赋能第四次工业革命

德国正在推进所谓的"工业4.0"项目，其实就是第四次工业革命。这是继蒸汽技术革命（第一次工业革命）、电力技术革命（第二次工业革命）、计算机及信息技术革命（第三次工业革命）的又一次科技革命。

德国的工业4.0项目通过互联网连接多个工厂和机械，将其全部看作一个系统，从而实现生产效率最优化。

工业4.0的本质是数据，其终极目标是建立一个高度灵活的个性化和数字化的产品与服务的生产模式，使工业生产由集中式控制模式向分散式增强型控制模式转变。

区块链技术不仅仅是第四次工业革命的成果，同时也是第四次工业革命重要的发动机。为什么这么讲呢？主要原因是它能够让物理世界充满"生机"。一旦我们在区块链上为这些物体赋予"生命"，它们就可以感知、响应、通信和执

第10章 技术融合
——区块链赋能第四次工业革命

行操作。

面对未来物联网设备规模的爆发式增长,区块链具有以下积极作用:

(1) 降低交易前的验证成本。

(2) 降低运营管理成本。

(3) 保护数据安全与隐私。

(4) 可恢复性——自我纠错,没有单点失败的风险。

(5) 处理能力强——可以处理数十亿的数据点和交易。

(6) 实时性——全天候运作,数据实时流动。

(7) 响应性——能够对变化的状况做出回应。

(8) 极度的开放性——持续地根据新的输入而进化和改变。

区块链技术不是单纯的技术,而是金融和科技混合的产物。在某种程度上,它既是生产力,也是生产关系。在区块链时代,相关领域的创业、融资和最终应用场景都将是在全球范围发生的。

区块链可以将消费者现金流、交易者现金流和投资者现金流结合在一起,开创一个超流通的市场。区块链在未来还可以与人工智能、智能制造以及共享经济有更深度的结合。除此之外,医疗养老、食品溯源和国家治理等也会是区块链应用率先落地的领域。

分布式能源与分布式账本

微型发电正在成为一种趋势，越来越多的家庭开始放置太阳能发电面板来发电，以填补电力供应的空缺。

但是，这种家庭自产的清洁能源有时是不够用的，有时候又用不完。

这就需要接入一个分布式网络共享电力。区块链技术能够改变这种困境，比如家家户户可以并入一个分布式的区块链电网，你用不完的电可以卖出去换成代币（或积分），当你的电不够用时，这些代币可以帮你买回电力。

未来可能会出现这样的场景：你驾驶着纯电动 SUV 汽车到了一个偏远小镇，这时你发现汽车的电池已经快没电了，而最近的一个充电站离你很远。但在一个由区块链赋能的共享经济系统中，这个问题就会变得简单，很多人家的门前屋后都有一个对外提供的充电接口，只要付费就能充电，所需费用就是这个共享电力系统的代币。

微电网的分布式账本

在纽约布鲁克林，有一家新成立的公司，名字就叫交互式电网（Trans Active Grid）公司。该公司在布鲁克林地区运行着一个微型区块链电网项目，这个小项目很有可能改写能源的交易方式。

第 10 章 技术融合
——区块链赋能第四次工业革命

该公司致力于打造"开源且加密安全的"区块链,来管理微电网上的电力交易。该公司运营的区块链项目是布鲁克林微电网,其目的是使邻居之间的太阳能发电可以互相交易。

2016年4月11日,区块链迎来了世界首个点对点能源交易。

在总统大道一侧的五户家庭通过太阳能光伏板发电,而街道另一侧的五户家庭可以购买对面家庭不需要的电力。连接这项交易的就是区块链,几乎不需要人员参与就可以管理记录交易。两名纽约布鲁克林的居民通过使用以太坊区块链直接完成了一笔能源买卖交易。

这是世界上首个使用消费者区块链交易的微电网,这意味着微电网已经开始"落地"了。

这个微电网系统可以记录家庭消费以及由太阳能光伏板产生的能量。其创意是通过融合微电网概念和交互式电网支付基础设施,社区居民可以在区块链上撰写智能合约,并选择自己使用的电能来源、类型,甚至决定将电源贩卖或赠送给谁。

这样的微电网是与国家电网分离的,如果遇到飓风还可以选择其他电网而不至于断电。通过微电网、屋顶太阳能设备安装等方式充分利用能源效率,在给用户提供廉价服务的同时,还可以对能源使用方式进行多种选择。

分布式能源系统

分布式能源是一种建立在用户端的能源供应方式,可以独立运行,也可以并网运行,是以资源、环境效益最大化确定运行方式和容量的系统。它将用户的多种能源需求以及资源配置状况进行系统整合优化,采用需求应对式设计和模块化配置的新型能源系统,是相对于集中供能的一种分散式供能方式。

分布式能源具有能效利用合理、损耗小、污染少、运行灵活、系统经济性好等特点;其发展主要存在并网、供电质量、容量储备、燃料供应等问题。

区块链是一种分布式网络,与分布式能源有一种天然的契合。区块链技术可以实现分布式能源的智能控制与群控优化。

中国国家电网公司也在探索,使用区块链技术来推进"能源互联网"计划。

2017年11月,国家电网公司向国家知识产权局提交了一项名为"关于区块链的电力交易管控方法及装置"的专利申请。

未来的双向电力系统由亿万个交互的终端组成,包括微电网、光伏系统、智能设备、分布式计算以及能源管理软件等。

面对电网运行环境的不断变化,如何能够实时、自动地

第10章 技术融合
——区块链赋能第四次工业革命

验证和确保不同节点之间的海量交易？

区块链技术可以提供解决方案。

日本第二大电力供应商关西电力公司也推出了全新的点对点可再生能源交易系统——"虚拟发电厂"。用户可在系统内自由交易电力并自动收款，这意味着用户用不完的电可以赚钱。该实验旨在为社区提供廉价电力，并允许用户将能源出售给其他居民。

这涉及新经济中的"产消者"概念——既是生产者又是消费者。

在交互式电网中，"产消者"可以控制自己的能源：消费者可以选择从邻居或其他可再生能源来源处购买；家庭能源生产者可以把多余的电力卖给邻居，社区可以保存当地的能源资源，减少能源浪费，提高微观电力和宏观电力的利用率。

欧盟的智能微网

智能微网是指由分布式电源、储能装置、能量转换装置、相关负荷和监控、保护装置汇集而成的小型发配电系统，是一个能够实现自我控制、保护和管理的自治系统，既可以与外部电网并网运行，也可以孤立运行。

英国伦敦的一个住宅小区，通过区块链技术将小区太阳能电力输送到邻近小区。这是英国首次使用区块链进行能源交易。通过 Verv 公司的技术，1 千瓦·时的太阳能电力得以输送出去。Verv是英国一家智能能源初创公司,应用人工智能技术监控家庭能源,帮助居民分析和管理用电。

欧盟也出台了能源联合框架战略,规划了"能源联盟"的愿景:"以人民为核心,人民能够有能源转化的所有权,能够从新技术中受益从而节省支出,参与市场的活动,并且保护弱势消费者。"

然而,尽管智能微网的发展已在稳步推进中,但是能源零售市场还在等待现代化。

在这种情况下,区块链能够成为一种全新的驱动力,帮助能源市场进行整合发展。

区块链技术通过与智能电表系统以及下一代电池(能够本地存储电量)结合,已经有向能源市场提供产销一体的生产潜力。智能电表可以被用于注册和在分布式账本记录微发电的数据,成为"能量货币"系统的通证。

自发电能够用于房屋内的消耗,也可以被存储在下一代电池中供以后使用,或者简单地返回到智能电池。另外,区块链的分布式和通用性,使其所产生的能量可以在任何地方被赎回。例如,在对电动汽车充电时,卖给出价最高的买家。这类似于股票交易市场中所提供的机制。

区块链与汽车充电

2011年,德国政府宣布逐步淘汰核电站的计划。德国莱茵集团(RWE)因此面临着能源生产模式的监管问题。这个

第 10 章 技术融合
——区块链赋能第四次工业革命

事实推动了德国莱茵集团的革新。

于是，德国莱茵集团整合了以太坊区块链技术与汽车充电站服务。其中一项举措就是建立内部工作小组，评估区块链技术怎样帮助公司减少能源传输成本。公司与基于以太坊区块链的初创企业 Slock.it 合作，研发了"概念证明"机制。

其中一项即将落地的应用，是利用区块链智能合约验证用户身份和管理计费过程的电力汽车充电站，通过建立大量的、低成本的充电基础设施，促进电力汽车使用率提升。

相关"概念证明"机制是基于以太坊区块链的，用户身份验证和支付程序都是在充电站进行的。

在这个模型下，用户同意以太坊网络智能合约后就可以与充电站互动。充电之前，用户需要在相关网络中存一笔钱，交易完成后便会退还。现有充电站与 RWE 模型功能的显著不同是收费方式。在 RWE 模型中，用户无须支付通常数小时的充电站连接耗时费用，而只需支付充电电量的费用。这个实验项目的论点是小型交易帮助用户省钱，同时电力利用率也更高。

公司接下来需要考虑的是，政府监管政策对该系统实际应用的影响。RWE 已经着手这个项目。鉴于公司对政策的理解和现存基础设施，RWE 强调德国是首批实验的最佳地点。

区块链的应用可能给公司与用户的交流方式带来转变。基于区块链技术的充电站将使客户与 RWE 的机器设备进行交易。真正让人兴奋的是，用户将不再与公司或个人签订合同，而是利用智能合约直接与机器签约。

区块链技术会改变 RWE 公司运营充电站的方式，这是公司缩减充电站和运营成本的必经之路。还可以将其他创新项目融合到这个工作中，如车辆自主运行。这个概念曾是智能合约应用的可行领域。区块链技术与公司科技创新远景规划非常契合，对公司发展至关重要。

第11章　文创复兴
——重构文创、教育产业的新生态

艺术品是一种货币。艺术品转变成数字货币的机制无疑是未来的潮流。这是一个良性的步伐。

——罗恩·V（Meme 艺术家）

如果我想要一件数字艺术作品受到防复制保护，数字现金技术能够用作传统观念中保护知识产权的容器。

——斯蒂夫·尤尔韦特松

[（Steve Jurvetson）DFJ 基金联合创始人]

1550年,乔尔乔·瓦萨里(Giorgio Vasari)出版了《意大利艺苑名人传》。在扉页的献词中,他将自己的心血奉献给了佛罗伦萨的统治者科西莫·德·美第奇。美第奇家族对艺术的赞助让艺术家们受益匪浅,如波提切利、达·芬奇、米开朗琪罗、韦罗基奥等艺术大家都受到过美第奇家族的赞助。

事实上,在现代主义兴起之前,艺术创作并不是为了抒发艺术家的个人情感,体现的往往是赞助者的意愿与审美趣味。

信息互联网对知识产权的保护不尽如人意,价值维权成本过高,这让文创行业遭受重创。

区块链则带来了文创行业复兴的福音。加密货币实际上是数字资产的一个极端例子——由于它不能被复制,因此在某个时间内它只能被一个人占有,而且它是静态的和不容易

第 11 章 文创复兴
——重构文创、教育产业的新生态

毁坏的。如果加密货币技术能用来保护知识产权免受偷盗和剽窃，那么它就能够为智力表达提供一个受保护的"加密容器"。

通过技术、立法、执法等手段，让创作者有饭吃，创意产业才能繁荣发展，整个社会都会受益。

一些地区的文创市场之所以创作乏力，一个原因是盗版，另一个原因是发行垄断渠道对艺术家的盘剥。区块链技术把创作者放在产业模式的中心位置的方法，这样创作者既能享受表达的自由，又能将其知识产权所带来的价值最大化。

智人能够在这个星球崛起，依靠的是智慧，而不是本能。区块链必将重构文创产业生态，我们的社会也将由此进入一个智能爆发的新纪元。

知识产权的"加密容器"

从某种意义上讲，创作者其实是另一种造币者，版权是另一种虚拟货币，版税则是另一种铸币税。

然而，这些"造币者"很难以此致富，因为传统互联网无法破解版权被"双重支付"（重复消费）的问题。

比如，某人在网上购买了一本电子书，尽管他是通过正规渠道购买的，但他也很容易将其复制再传播给其他人。从这个意义上说，盗版就是偷窃创作者的钱。

美国总统林肯有句名言："专利制度就是在天才之火上

浇以利益之油。"这句话形象地揭示了知识产权保护的意义。

原始版权制度在我国延续了 700 多年，在欧洲延续了 200 多年。1710 年，英国颁布《安妮女王法令》。这是世界上第一部现代意义的版权法，承认了创作者有支配和处理自己作品的权利，使创作者成为版权主体，标志着现代版权概念的形成。

传统互联网是一个"免费"模式大行其道的世界，这也是很多文化产业从业者被迫采取的一种权宜之计，因为"复制"在网络上是如此简单。

互联网免费模式看似精妙，但却会挫伤创作者的积极性，给信息消费者带来的体验也非常糟糕。

知识产权（Intellectual Property）的英文缩写是 IP，主要是指版权（Copyright）。当然，广义的 IP 还包括专利、商标、外观设计等。文化产业面临最大的问题是 IP 确权和维权成本问题。

区块链则解决了这个问题：哈希散列可以证明文件内容，时间戳可以证明文件是什么时候创建的。

区块链能实现知识产权的确权、打赏、交易、众筹、众包等应用。

为什么大部分用户不愿意付费获取音乐？其主要原因在于，用户可以找到许多可以复制甚至传播盗版音乐的方法和途径。而区块链技术有望解决盗版音乐问题。比如，区块链

第 11 章 文创复兴
——重构文创、教育产业的新生态

技术支持一种"dot blockchain"的编解码器和播放器,通过该软件,可以记录每一首歌曲独有的播放记录,致使该歌曲无法被其他任何播放器所播放。

通过建立基于区块链技术的认证体系、版权集市,保护创作者的权利,可以给创作者更好的发展空间。

IP 存证服务

经济学家罗纳德·科斯认为,只要财产权是明确的,并且交易成本为零或者很小,那么,无论在开始时将财产权赋予谁,市场均衡的最终结果都是有效率的,能实现资源配置的帕累托最优。

存在性证明是最早的区块链存证服务。由于区块链具有防篡改的特性,可以通过区块链网络,安全地为数字资产做存在性证明。

2018 年 6 月的一天,中国首例区块链存证案在杭州互联网法院一审宣判,法院支持了原告采用区块链作为存证的方式并认定了对应的侵权事实。这意味着以区块链技术实现的版权存证方式获得了法律支持。

知识产权领域的维权存在取证难、周期长、成本高、赔偿少等一系列问题,当涉及专利侵权、版权侵权等问题时,区块链的不可篡改特性可以发挥积极作用。区块链版权存证方式比传统存证手段更加高效,可以使知识产权维权成本大大降低。

2018年9月7日，最高人民法院发布《关于互联网法院审理案件若干问题的规定》，亮点颇多。其中第十一条提及"当事人提交的电子数据，通过电子签名、可信时间戳、哈希值校验、区块链等证据收集、固定和防篡改的技术手段或者通过电子取证存证平台认证，能够证明其真实性的，互联网法院应当确认"。

这是我国首次以司法解释的形式对可信时间戳及区块链固证存证技术进行法律确认。这意味着电子固证存证技术在司法层面的应用迎来重要突破。

版权"指纹"与艺术认证

在美国，进行版权注册要么到美国国会图书馆正式注册，要么听之任之。前者费时费钱，后者又饱受侵权困扰。

位于美国旧金山的Binded公司推出了一种版权服务，即用区块链技术帮助艺术家保护自己的创意作品。他们希望通过在区块链上记录永久有效的版权，来方便内容创建者保护自己的知识产权。

Binded的目的就是在区块链上更方便、有效地注册版权。

Binded的创始人南森·兰茨（Nathan Lands）曾表示，他计划通过人工智能（AI）来为有版权的作品创建独特的指

第11章 文创复兴
——重构文创、教育产业的新生态

纹来保护版权，并确保艺术家获得应得的报酬。作为版权保护领域的区块链创业企业，它们帮助艺术家、摄影师和其他艺术工作者在区块链上注册作品版权，防止侵权行为。

在 Binded 平台上，你只需要一个简单的鼠标拖放动作，就可以进行作品注册，并获得对应的版权证书。如果之后有人不经允许复制你的作品，Binded 会帮你发送一份版权证书来警告他。与直接在版权局登记相比，Binded 的服务所需的费用和时间都更少，但同时能够创建一种独立的、存在法律效力的记录。

当然，Blockai 在区块链上建立的记录是否会被法庭认可为充分证据，还需要有相应的立法。

普莱尔·卡士曼（Pryor Cashman）公司开发了一个数字艺术保护项目名为"Monegraph"，其口号是"因为有些艺术属于区块链"。

这个项目是一个基于区块链技术的应用项目，它试图使用区块链公共账本作为证明概念，并试图论证这种证明概念是一种可行的全新证明方式。

这个应用目前是免费的，个人只要将自己之前创作并且发布在网上的图片进行资产注册，就可以对这些数字资产进行货币化。

就像比特币能够验证货币的所有权，Monegraph 能够验证资产所有权。这是一个区块链的数字资产应用案例。

Monegraph 试图建立一个基于区块链的系统平台，解决文创作品的版税分配问题。艺术品成为数字资产后，可以在区块链技术平台实现更加便捷、安全的交易。

Monegraph 将著作权保护延伸到音乐领域，从而在艺术家和买家之间促进数字艺术的转移，以解决全球授权和版税分配问题。

Monegraph 将使艺术家可以从菜单中选择出售、授权、转售以及合成音乐的权利，并允许他们按照自己的计算来规定价格。对于买家，该平台允许他们不通过经纪人就能直接获得这种权利，并且让他们放心地了解相关信息，因为这些信息都可以通过区块链技术得到证实。

智能资产的确权、加密和流通

尼克·萨博在其 1994 年的论文中，提到了一个智能资产的概念："智能资产可能以将智能合约内置到物理实体的方式，被创造出来。"

智能资产的核心是控制所有权，对于在区块链上注册的数字资产，能够通过私钥来随时使用。

为作品加上时间戳的 Ascribe

特伦特·麦康纳希（Trent McConaghy）是一位德国科学家。2013 年的一天，特伦特跟他的艺术家夫人玛莎在柏林逛

第11章 文创复兴
——重构文创、教育产业的新生态

了一次画展。在参观回家后的闲聊中,两人展开了对一些问题的讨论:区块链技术能够应用到艺术品上吗?我们能否以获取比特币的方式去获取一件艺术品的数码版本,同时保护艺术家对该作品的版权?

于是,特伦特创建了一个名为 Ascribe 的平台,可以为艺术家提供作品的登记、注册、交易服务一条龙服务的平台。该平台的目的是为创作者提供易用的平台,来为他们的作品创建所有权和跟踪他们作品的使用。

Ascribe 的基本原理是利用区块链技术为艺术品加盖时间戳,以确定作品的著作权。Ascribe 是一个艺术家用于发布作品的网站,将艺术品数字化,通过区块链技术来声明所有权,发行作品;同时,可以在该网站进行交易,无须经过第三方,买卖双方直接在基于区块链技术的网站上进行交易,保证交易作品和交易过程的真实性。这其实起到了一个版权交易市场的作用。

简化版税支付链条的 Ujo

传统音乐市场存在两方面的制约因素:一方面是知识产权的保护力度;另一方面是垄断者中心化的控制。传统音乐市场的版权费用支付链条不仅复杂而且冗长,通常要经过版权代理方、唱片公司、艺人经纪、流媒体服务商、互联网音乐平台等多方才能最终到达音乐人手里,通常要等上半年甚至一年时间。但经过多方扣除费用后,音乐人所拿到的版权收入已所剩无几。这种陈旧的商业模式依然遵循着 20 世纪早期的行业规则。

菲尔·巴里（Phil Barry）开始与基于以太坊平台的项目孵化器 ConsenSys 合作，他的项目命名为 Ujo 音乐平台。Ujo 是一个开放平台，支持创新行业的版权管理，追踪知识产权和自动化版权付费。

区块链技术将数字文件的版权信息记录下来，并且与数字音乐本身进行绑定，甚至可以为版权所有者创建一个去中介化的、直接面对消费者的支付系统。

Ujo 音乐平台允许音乐人通过区块链支持下的智能合约，来实现录音、推广、授权和直接获取他们作品的版权使用费。这意味着音乐人通过区块链，可以完全抛弃唱片公司或互联网音乐公司以及它们的营销平台，直接面对用户。

构建数字资产市场的 Colu

Colu 是一家位于以色列特拉维夫市的区块链创业公司。

2014 年秋天，该公司上线了 Colu.co 网站，旨在通过区块链技术来分配物品的所有权。简言之，他们的服务提供给你一种简单的方式来使用区块链技术，其实就是可以使用通证来交易任何东西，从汽车、艺术品、债券到版权、门票、代金券、礼品卡等。

比如你买了一张电影票，一般而言你拿到的会是一张打印出来的纸质票据，但是现在你收到的将是一串随机数字

第11章 文创复兴
——重构文创、教育产业的新生态

（一张加密令牌）用于验证你购买的电影票，而这是通过区块链技术来实现的。你将得到一组私钥，然后你就可以访问到自己的电影票。Colu 会将这个通证置入一个二维码内，你可以通过自己的手机扫描后访问。由于它是数字的形式，你也可以将其传递给别人。

Colu 是一个允许用户发行数字资产的平台，他们可以将各种资产"数字化"。个人开发者和企业都可以根据自己以及客户的需求，在 Colu.co 上开发相关的数字资产和服务。在这个平台上，你可以在线购物，然后通过区块链进行验证。比如，你购买艺术品后，就会明白这件艺术品就是你的了。你将得到一个基于区块链技术的通证，而这种数字证书将比纸张证书保存的时间更为持久。

Colu 与 Revelator 公司进行合作，帮助 Revelator 公司建立一个所有权管理 API。

Revelator 公司是一个基于云技术的信息提供商，为独立音乐公司提供销售和市场情报。

目前，音乐的数字版权归属和使用权链依旧复杂，艺术家一直很难了解他们的收入来源。这个 API 将为数字资产的发行和分配提供安全渠道，包括音乐作品的上市和注册，并能够为所有市场参与者收集和提供更高的透明度和效率，有助于解决音乐行业透明度较低的现象。Colu 和 Revelator 公司之间的合作很可能为音乐行业的发展提供一个新的范式。

产消者崛起，免费模式势微

"产消者"（Prosumer）这个概念由阿尔文·托夫勒（Alvin Toffler）提出，出自《第三次浪潮》一书，是指参与生产活动的消费者，他们既是消费者（Consumer）又是生产者（Producer）。

那些为了自己使用或者自我满足而不是为了销售或者交换而创造产品、服务或者经验的人被命名为"产消者"（Prosumer）。2006年，阿尔文·托夫勒又在《财富的革命》一书中提出产消合一经济。区块链平台使每个人都成为"产消者"，使每项活动都变成一种合作。文化产业中"产消者"的概念将更加重要，生产者即消费者，消费者即生产者。

区块链的数据确权和价值网络的两个属性，可以变更现在的互联网生产关系，推动商业模式的变革。

区块链的一个基本逻辑是人人参与、人人获益，共同壮大社区。区块链可以把全球几十亿人连接于一个社区中，这将产生前所未有的协作效应和集体智慧的爆发。没有区块链技术，真正意义上的大规模强协作将无法实现。

现有主流的社区网站大多采用免费模式。

早些年有一首被广为传唱的网络歌曲，词作者、曲作者和演唱者各有其人，之所以创作这首歌的驱动力主要基于社交、个人声望的建立等因素。当这首歌真正"火"起来后，创作者却没有享受到相应的经济回报，于是各方对簿公堂。

第 11 章 文创复兴
——重构文创、教育产业的新生态

随着一些协作型区块链平台的上线,内容贡献者分享利润将慢慢成为一种趋势,这将使内容生产者、内容消费者和生态建设者都得到合理的激励。简言之,就是将内容创作者置于产业链的中心,不再受贪婪的商业公司的盘剥。

区块链为文化教育产业赋能

区块链的不可篡改性可以为文化教育产业赋能。可以在有效索引机制下建立对单个老师、单个机构的信用评价机制,学生可以更方便地找到好老师和合适的老师,老师能更加重视教学质量的改善。

此外,区块链的不可篡改性也将大大提升民间教育机构证书的"含金量"。

比如,MOOC 就是一个有待发掘的"富矿"。

所谓 MOOC,即大型开放式网络课程(Massive Open Online Courses)的英文缩写。

2012 年,美国的顶尖大学陆续设立网络学习平台,在网上提供免费课程,Coursera、Udacity、edX 三大课程提供商的兴起,给更多学生提供了系统学习的可能。这三大平台的课程全部针对高等教育,并且像真正的大学一样,有一套自己的学习和管理系统。更重要的是,它们的课程都是免费的。

尽管大量的 MOOC 教育资源是优质的,甚至很多 MOOC 课程都是由超一流的讲师授课,但在 MOOC 的发展中仍存在许多缺憾与不足，如辍学率、学习者身份认证等问题。

宾夕法尼亚大学的教育研究生院曾在对 MOOC 学习者的抽样调查中，发现只有 4% 的学习者完成了整个学习课程，约有 5% 的学习者只听过一堂课。关键问题在于，如何在进修 MOOC 的课程后获得一个社会认可的学分认证或学成证书，以便于进修者在求职、面试的时候起到积极作用？

缺乏一个完善的评分和评估体系，没有学分认证，没有对服务方和第三方的监督机制……这无疑会挫伤学习者的积极性。

如果结合物联网技术、虹膜识别等技术，将学习者在线学习的时长、内容、效果等综合评估、认证，那么，区块链技术 + MOOC 将会有助于教育平权，让更多的人有获得"高含金量"学历的机会。

在线教育行业已经探索出了一些可供参考的经验。比如，语言学习平台 Duolingo 在考试时，要求学习者的手机或计算机的摄像头和话筒必须持续工作，以录下考生的考试过程，在考试结束后，再进行人工审验；并且，学习者的考试视频与其学成证书绑定，以便学校和未来的雇佣方查看。

通过区块链技术可以设置在线考试。比如，通过物联网技术，进行身份识别、防作弊等措施，如果分数合格，则发放学成证书。

结合多种严格的防作弊措施，相信 MOOC 证书的含金量将会越来越被社会所认可。

第12章 理性繁荣
——区别对待，合理监管

自由不是无限制的自由，自由是一种能做法律许可的任何事的权力。

——孟德斯鸠

一个匿名的网络市场，甚至让暗杀和勒索交易成为可能。各种犯罪分子将成为加密网络的活跃用户。

——蒂姆·梅

技术从来都不是中立的。不论媒体如何鼓吹区块链这种新技术,我们都应当保持一种审慎的乐观。正如技术理论家戴维·蒂科尔(David Ticoll)所说:"我们中的很多人在预测互联网所带来的影响时实在做得很差。ISIS那样类型的不良现象也是被我们忽略的事情之一,而一些极度乐观的预测最后被证明是错误的。"

尽管区块链布道者们为人们勾勒了一幅美好蓝图,但它所潜在的风险和能够为人们带来的利益一样巨大。只有合理监管,才能趋利避害,引导这场技术革新走向理性繁荣之路。

对于一项新技术来说,监管是无法回避的,而合理的监管对技术的发展是有益的。

互联网的第一个纪元——信息互联网的繁荣发展,离不开监管的作用,很多监管措施起到了理顺政府、民间社会组织、开发者以及普罗大众共同利益的作用。在互联网新纪

第 12 章 理性繁荣
——区别对待，合理监管

元——价值互联网，也就是区块链（BlockChain）时代，更需要富有成效的监管策略。

ICO 乱象——代币证券化

什么是 ICO 呢？

假设有一家初创型网络游戏工作室，决定要在区块链上创建一款游戏，比如叫"云养猪"，游戏开发者为了筹集资金来开发游戏，他们决定进行一次 ICO。

他们在区块链上发行一种"猪猪币"，通过预售这种代币，开发者可以获得游戏开发的前期费用，而玩家可以用这种猪猪币在游戏里为自己的电子宠物猪买饲料、买玩具。当然，玩家也可以把这种猪猪币卖给其他人，这个时候他其实就相当于这个游戏的投资者了。

这一过程绕过了风险投资人，让创业者和消费者、投资者直接建立了连接。

这就是 ICO（Initial Coin Offering），即首次币发行。其实是一种基于区块链的众筹。在我国，由于 ICO 领域涌进了大量的骗子，监管部门不得不采取"一刀切"的办法严格禁止，已经被视为一种非法集资手段。

山寨币与空气币

创建一种新的加密货币其实门槛是很低的，在一些公链上，创建一种加密货币的成本甚至接近于零。

这也造成了"altcoin"的层出不穷。所谓的"altcoin"，就是俗称的"山寨币"，像莱特币、狗狗币等。

所谓"山寨币"，就是以比特币的开源代码为模板，对其底层技术区块链进行了一些修改的区块链资产。因为比特币代码开源，导致比特币的抄袭成本很低，甚至只需复制比特币的代码，修改一些参数，便可以生成一种全新的山寨币。

绝大部分的"山寨币"都只是将比特币的源代码稍做修改，衍生而来。同时，比特币占了所有加密货币市值的绝大部分比重，也成了事实上的标准。

所谓"空气币"，是指没有任何价值依托的"山寨币"。即从一开始项目方的初衷就是骗人的加密货币，一般募集完成就不管了。它们依靠传销模式推广，但实际上不可行或是无法兑现。事实上，它们中的绝大多数只是"割韭菜"敛财的工具而已。

"一刀切"未必是最好的办法

2017年9月4日，中国人民银行等七部委发布《关于防范代币发行融资风险的公告》（以下简称《公告》），封禁国内的ICO活动，并采取措施关停了国内的虚拟货币交易平台。我国政府对ICO采取了全面禁令。据《财新》杂志报道称："国家有关部门将ICO定性为非法集资。"

随着我国政府禁止ICO活动，ICO出海是必然趋势。在

第 12 章　理性繁荣
——区别对待，合理监管

这一波出海潮流中，日本、新加坡成了 ICO 集中"落地"的目的地。大量的 ICO 项目团队选择在日本、新加坡成立基金会或公司，选择当地法律作为 ICO 相关法律文件的适用法律。

避免区块链监管真空

区块链技术最初发轫于比特币这种加密货币。后来一些其他商业应用的探索，则为区块链技术的发展勾画了一幅更广阔的蓝图。

然而，有不少机会主义者、投机者甚至罪犯也参与了区块链的热潮。

网贷行业的经验教训可以作为前车之鉴，要避免监管真空，高度警惕打着"区块链技术"旗号从事非法集资、金融诈骗等非法活动的"伪创新"，守住不发生区域性金融风险的底线。

理性、正确地对待这项技术的风险，才不至于让婴儿和污水被一起倒掉。

如果能规避其消极的一面，开发其积极的一面，区块链就能从根本上激活整个社会的经济活力。

监管有所作为，才会赢得优势

对于一种颠覆性的技术，很难套用任何现存的监管框架。这是数字时代的一种常见矛盾：超前的技术与滞后的监管。

合理的监管框架,往往更有利于区块链的发展。一项调查显示,由于印度政府在区块链监管态度上暧昧不明,印度80%以上的区块链开发商将被迫迁往新加坡、迪拜、爱沙尼亚和瑞士等国家,这些国家为创业公司提供了税收优惠等好处。这项调查主要针对当前的监管环境如何影响印度的核心发展活动和区块链创业。通过调查发现,印度在区块链监管框架方面的拖延,正在导致印度失去工作机会、资金注入、地方问题缺乏创新、人才流失以及全球定位等方面的倒退。

埃森哲是一家大规模的管理咨询、信息技术和业务流程外包的跨国企业。它曾经发布过一份报告,名为《英国政府应监管比特币钱包》。埃森哲认为,自己要将业务延伸到数字货币,必须得到英国政府的辅助,让政府成立中心化的监管部门,确保数字货币钱包的身份认证,甚至像银行系统一样严格,只有这样才能防止黑客诈骗,让数字货币资产交易是在可信的、可识别的、可追溯的钱包之间转移。

然而,当前的法律框架并不能解决智能资产在全球内部署的问题,还需有一些稳定的途径去处理监管、立法、国际协商条约等事项,让监管不确定性问题最小化,这样才会有更多的社会资源进入这个领域。

强化区块链的监管与引导

如果区块链像互联网那样巨型和普遍,我们对其优点和缺点的预测水平可能也会跟当初预测互联网的时候一样差。

第 12 章 理性繁荣
——区别对待,合理监管

我们对区块链所能带来的机遇和风险,更多是管中窥豹的推测。

这就需要深入思考这个项新技术能带给我们的好处及其风险,深入探索其监管方略,以释放一系列经济及制度上的创新力量。

如果区块链的种种乱象是一种"非理性繁荣",那么我们监管的目标就是确保这项技术能实现其"理性繁荣",在制度上引导区块链走向良性健康、规范合法的轨道,打造一个由不断降低的交易成本、监管成本所构成的价值互联网,保护所有交易及价值创造、分发过程的公正性、安全性和隐私性。

区块链的"浮士德契约"

区块链技术诞生于一个名叫"密码朋克"的亚文化圈子,这是一个无政府主义和自由主义盛行的圈子。

从消极的一面说,区块链本质上是一种"去中心化"的点对点网络技术。也就是说,它天生带有反监管的技术特征。

大多数人对区块链的认知来自 Mt. Gox 比特币交易所的破产事件,这说明这项技术尚处于初级阶段,还存在着很多漏洞。

罪犯往往是新技术的率先尝试者,比如在线支付最先被应用于色情网站。暗网"丝绸之路"被剿灭的故事,也重现了历史的韵脚。

2011年2月成立的"丝绸之路"(Silk Road)是一家采用比特币进行电商交易的平台,可以看成是一个"暗黑版"的淘宝:毒品、色情、私人杀手……应有尽有。其支付手段主要靠比特币。2013年后比特币被疯狂炒作,价格大幅波动,引起了投机炒作资金的关注,同时也引发了各个国家的监管。2013年10月,美国政府和欧洲当局关闭了仅使用比特币交易的在线黑市购物网站"丝绸之路",其创始人被缉拿,公司也一并被捣毁。

区块链的匿名性一度让灰色交易和黑客敲诈甚嚣尘上,这样一个曾经与色情和"传销币""空气币"相关联的技术,如何才能保证给各行各业带来有用的东西呢?

从积极的一面说,区块链技术是一种"历史记录难以被篡改、公开透明、可追溯的分布式账本"。从这个意义上来说,它又天然带有"自治"的性质,其本身也是一种监管工具。

歌德在其不朽长诗《浮士德》中描写了浮士德与魔鬼梅菲斯特之间所做的一桩交易:梅菲斯特答应做浮士德的忠诚仆人,他的任务是绝对服从浮士德的命令,用各种法术让这位对生活充满厌倦的老博士重新获得彻底满足。一旦浮士德对生活说出"你真美呀,请停留一刻",那么根据契约,梅菲斯特就将占有他的灵魂——他将成为魔鬼的仆人。

第 12 章　理性繁荣
——区别对待，合理监管

区块链技术为我们的未来描绘了一幅绝美蓝图。还记得第 7 章中，我们探讨了"预测市场"可以赋予群氓以灵魂，让群体智慧得以激发吗？

然而，一旦我们折服于它的美好，而疏忽了对它的积极防范，就为危机埋下了种子。

预测市场与暗杀赌局

区块链也会成为犯罪行为的完美载体，因为它要在难以达成信任的情况下创造信任。

让我们设想，如果有人悬赏只要黑掉某个网站就能够获得数字货币的奖励，那么会有人履行这份智能合约吗？

又如，网络暴力很普遍。会不会有匿名设计一份智能合约，要求暗杀某个公共人物？

在社交新闻网站 Reddit 上，人们就预测市场平台 Augur 上出现的对公众人物的暗杀赌局展开了讨论。

这时候，所谓的"预测市场"已经演变为一个杀手市场，这则智能合约一旦缔结，就很难再关闭。

现在问题来了，Augur 平台的开发者和创始人是否应该为此负责？

有业内人士指出，暗杀和恐怖袭击市场将是 Augur 最有可能落地的两个场景。在 Augur 的杀手市场里，用户可以通过下注来决定著名政治家、企业家和名人的命运。

如果某人很缺钱,想要赢得这笔钱,就要执行暗杀计划,以赢得"预测"。当这些结果在可信任的新闻网站得到预言机的证实时,酬金会自动支付给这个人。在某些情况下,用户会明确指示暗杀名单,比如著名的债券投机商沃伦·巴菲特就榜上有名。

那么,是否因此就一定要关闭预测市场呢?

当保险业刚刚在英国出现时,保险就曾被用于猜测人的寿命。一些别有用心之人为了获得不义之财,去为一些不相关的人购买死亡保险,指定自己是获益人。而这会给被保险人加大了意外死亡的风险。

面对这种伦理困境,保险业增加了一条游戏规则,即保险利益原则。无保险利益,保险合同无效。简单来说,就是不能为与自己不相关的人投保,这样就避免了保险沦为谋杀工具的可能。

代码即法律吗

在"币圈"人士当中,曾经流行一种颇为乐观的技术主义哲学:代码即法律。

"代码即法律"这句话出自哈佛大学教授劳伦斯·莱斯格(Lawrence Lessig)的文章。一些人对这句话做了过度解读。劳伦斯·莱斯格从未说过软件代码可以代替现实法律,即所有的争议都能由计算机程序解决,他只是说代码限制了

第12章 理性繁荣
——区别对待，合理监管

计算机部件的行为，因此代码在一定程度上具有法律的特质。

如果天真地认为代码可以代替法律，恐怕是过分贬低了法律的作用。

以智能合约为例，其优势之一就是其难以置信的准确性，不过这也是它的弱点。

比如，DAO作为智能合约的第一种大规模使用，它一旦启动就无法自行修复自己的代码，因为改变代码就等于改变现有用户达成一致的条款。结果当DAO被攻击的时候，资金缓慢流失，而其加密货币社区却无可奈何，直到实施更加激烈的解决方案——硬分叉。

事实上，"代码即法律"是颇受争议的一句话。一名区块链业内权威人士称之为"'非法律工作者'胡说八道的'时髦营销'"。

区块链正越来越多地被用来承载实体世界的财产，实体世界的财产权利必然受法律的约束和规范。

因此，区块链必须结合身份认证，才能合规地对接实体世界的财产权利，才能进入主流应用。

区块链是一项新兴技术，区块链规范的制定离不开法律、代码、市场、准则四个方面，区块链技术的应用与发展同样不可能不受这四个方面的影响。

法律规范着使用区块链技术的各种行为。著作权法、侵权责任法、合同法直接对各种利用区块链的侵权行为进行处罚，画定了法律上的红线。比如，行政机构对比特币使用的限制就直接影响了比特币的发展。

代码也规范着网络空间的行为。区块链代码本身所具有的特点决定了基于区块链技术各种应用的使用方式。像开放源代码这样的运动可以提高区块链技术的安全性与稳定性，让用户使用时可以更加放心。

市场也是规范区块链技术的重要力量，市场的变动直接决定了区块链技术的发展前景。另外，如果区块链技术的使用成本过高，那么区块链的应用难免会受限制。也就是说，即使区块链在技术上再领先，如果缺少商业上的成功，那么利益所涉及的各方也不会有太多心思对区块链进行规范。

准则与法律类似，在法律尚未健全之时可以起到关键的作用。因此，建立一套区块链技术的使用准则也显得尤为必要。澳大利亚标准机构（Standards Australia）已经要求国际标准化组织为区块链技术设定全球标准。标准一旦设定，将会对区块链技术的使用起到重要的指引作用，甚至树立基本的使用规范。

因此，在考虑对区块链进行规范时，需要将目光放得更加长远，思考的角度也要更加全面，综合考虑法律、代码、市场、准则四个方面，以防范区块链技术所面临的潜在问题。

第12章 理性繁荣
——区别对待，合理监管

去中心化，听起来很美

假设你有几个比特币被黑客盗取了，很难通过法律途径追回，因为你没有一个法律文件能证明那几个比特币就是你的。

史蒂夫·威尔逊（Steve Wilson）是一位具有影响力的数字身份倡导者，他曾呼吁将过时的静态个人身份模型转换成由密码学证明的各项属性。他说："公共的非许可型区块链刻意地将第三方移除，但在大多数情况下，如果没有一个第三方用某种形式为你提供证明，你的身份就没有任何作用了。区块链对某些事情是很有用的，但它并不是魔法，也不是为身份管理问题而设计的。"

只要技术存在，就可以去中心化，这种假想很吸引人。

事实上，在这个数字化的时代，无论是好的还是坏的事情，技术本身已经处于一切事物的中心了。

技术让人类更尊重和维护彼此的权利；同样地，技术也让人类能够有更多的新方式去侵害彼此的权利。

我们应该提防企业和政府的力量不受监督，但也要提防技术的力量不受监督。

无论你是否承认，黑客已经成为这个时代掌握巨大权力的一个群体。然而，在黑客横行的黑暗森林里，黑客则是另一个事实上的中心。

在线通信以及在线商业的爆发式增长，让黑客有了更多的机会进行网络上的犯罪活动。摩尔定律预测了运算能力每年的翻倍式增长，而这也让诈骗活动和盗窃活动的活跃程度加倍了。这个现象可用"摩尔的不法之徒定律"来描述。

至于垃圾信息传播者、身份盗窃者、在网上"钓鱼"的罪犯、间谍、僵尸网络入侵者（被植入恶意软件的机器组成的网络）、黑客、网络恶霸及数据敲诈者（用勒索软件去控制他人数据以牟利的人）……这些人给互联网带来的影响也非常大。以上提到的仅仅是冰山一角。

有时候，政府的监管难免会繁杂和低效，甚至因权力失衡导致的权力滥用。但是，在实际操作中，完全的去中心化难以找到令人信服的理由。

监管科技（RegTech），以链治链

2016年1月，英国政府发表白皮书指出，区块链是监管利器。自此，监管科技（RegTech）成为人们赋予区块链的又一项重要使命。

中国人民大学法学院的杨东教授提出了一个"以链治链"的构想，这是一种非常务实的区块链监管思路。当区块链技术普及以后，对交易和资产的监管反而会变得相对容易。这个道理不难理解，比如现钞交易比信用卡交易更难追踪。当资产数字化并"上链"后，在合理的监管制度下，可以兼

第 12 章　理性繁荣
——区别对待，合理监管

顾高效与安全。

传统的会计技术已经落后于当代金融科技的实践，采用区块链分布式账本技术的核算方式，将使审计与财务申报更及时，而且还能提高其透明度；此外，它还将完善审查功能，从而大大增强监管部门审查公司内部财务行为的能力。

世界经济论坛上的金融创新领导人杰西·麦克沃特斯（Jesse McWaters）说："最令人激动的就是分布式账本技术的可追踪性，它能帮助我们加强系统的稳定性。"他相信，"这些新的措施将使监管部门职能的执行更加方便"。区块链的透明性、可追溯性为"以链治链"提供了便利。区块链技术的自动结算功能及其不可篡改的时间戳，都能够让监管者了解到事件的变化，甚至还能设置警报，以防错过任何细节。

"以链治链"主要是指私有区块链与许可型区块链。这种区块链只需由成员自己进行校验，这样就无须那些耗费大量电力的"矿工"参与。还有，因为所有的参与方都是可以被信任的，因此不太可能发生51%攻击。由于在大多数情况下节点都是由大型金融机构提供的，因此可以信任所有节点连接的稳定性。当然，现阶段的区块链基础设施依然薄弱，这些设想有些属于预测性的手段，有些属于小范围实验的经验，在未来的大范围具体实践中还会遇到各种新的挑战。